『日本書紀』千三百年の封印を解く

藤崎周五

郁朋社

『日本書紀』千三百年の封印を解く／目次

装丁／根本比奈子

『日本書紀』千三百年の封印を解く

第一章　消された倭国

一、高安城

七世紀、朝鮮半島は高句麗、新羅、百済の三国鼎立時代を迎えていた。

西暦六六〇年、その一角を担っていた百済が新羅と唐の連合軍の攻撃により滅亡すると、百済と同盟を結んでいた倭国は百済残党軍の要請に応じる形で人質の豊璋王子を百済王に擁立し、百済再興を掲げて唐と新羅に開戦した。

西暦六六二年（『日本書紀』によれば西暦六六三年）、倭国は百済の熊津付近の白村江で唐の水軍に大敗し、この敗戦で百済王豊璋は消息を絶ち、大義名分を失った倭国は朝鮮半島から撤退した。

その後、倭国は各地に城塞を築き、唐の侵攻に備えた。その一つが高安城《たかやす》（奈良県平群町）である。高安城は生駒山の南嶺にあり、大阪湾より侵入する敵を迎撃するための防衛拠点として西暦六六六年に築城された朝鮮式山城である。

このことは『日本書紀』に次のように記載されている。

「この月、倭国の高安城、讃吉《さぬき》国山田郡の屋嶋城、対馬国の金田城を築く。」〈『日本書紀』巻二十七、天智六年十一月条〉

これらの城塞は一般的には唐・新羅の連合軍の侵攻に備えるため、海路の要所に築城されたと考えられている。

ところが唐は倭国に侵攻しなかった。その理由は『日本書紀』(巻二十七、天智六年十一月九日条)に出現する「筑紫都督府」という機関名が物語っている。

この当時、唐は東アジア各国を唐の官制下に置く羈縻《きび》政策を採っていた。羈縻政策とは古来より中国が異民族を統治する手法であり、羈縻(羈は馬の手綱、縻は牛の鼻綱)の語源が示すように異民族を牛馬に見立てて、その手綱を取るべく異民族の王に唐の官職を与え、唐の官制下で統治させる政策である。唐は百済の旧都・熊津に「熊津都督府」、新羅の鶏林州に「鶏林《けいりん》州都督府」をそれぞれ設置し、唐の管制下に置いた。亡国の百済はもとより、戦勝国の新羅に対しても都督府を設置した唐が敗戦国の倭国にだけ設置しないということはあり得ない。

「筑紫都督府」という機関名から考えられるのは、倭国もまた百済、新羅と同じく唐の支配体制に組み込まれたことである。

羈縻政策では都督府の長官は異民族の王が任命される。従って筑紫都督府の長官は倭王である。この倭王は百済再興戦を指揮した王である。しかしこの王は第三十八代・天智天皇(和諡号、天命開別天皇）ではない。何故ならば天智天皇は「筑紫都督府」の記事の半年前に近江に遷都しており、筑紫にいなかったからである。

「三月の辛酉の朔己卯《（十九日）》、近江に遷都す。」〈『日本書紀』巻二十七、天智六年三月十九日条〉

このことは倭国に二人の王がいたことを意味する。唐に降伏した倭王と、独立を保ったもう一人の倭王、即ち天智天皇である。

天智天皇は近江に遷都後、即位する。

この王朝は国都の名を採って「近江朝廷」と呼ばれた。

高安城が築城されたのは近江遷都から半年後のことである。

高安城は壬申の乱（西暦六七二年）で近江朝廷軍と天智天皇の弟・大海人皇子の反乱軍の合戦の舞台となったが、この乱で近江朝廷が滅亡すると一時放置された。

ところが二十六年後（西暦六九八年）、天智天皇の孫の文武天皇の御代になり、高安城は突如、修理された。

「高安城を修理す。（天智天皇五年の築城なり）」〈『続日本紀』巻一、文武二年八月二十日条〉

高安城は翌年（西暦六九九年）も修理された。

［高安城を修理す］〈『続日本紀』巻一、文武三年九月十五日条〉

その二年後（西暦七〇一年）、高安城は理由もなく廃城となった。

［高安城を廃す。その舎屋雑儲《ざつちょ》の物、大倭、河内の二国に移貯す］〈『続日本紀』巻二、大宝元年八月二十六日条〉

高安城の修理が開始されてから廃城となるまでの間、倭国は唐や新羅と交戦していない。その理由は西暦六七〇年に朝鮮半島で勃発した唐羅戦争（西暦六七〇年〜西暦六七六年）にある。

この戦争で唐に反旗を翻した新羅は朝鮮半島内の唐軍を掃討し、高句麗、百済の旧領を接収した。そのため唐には倭国侵攻の余裕などなく、唐と対峙していた新羅にも倭国を敵に回す余裕はなかった。

倭国と新羅の交戦の記録もない。

つまり高安城修理の動機は海外勢力ではなく、国内の敵対勢力にあった。

『続日本紀』の時代、日本国の元首は一人の天皇であった。これは倭国にいた二人の王のうち、一人が滅ぼされたことを意味する。

最後に勝利したのは日本国である。日本国はもう一人の倭王との決戦のため、壬申の乱以来放置されてきた高安城を修理し、内訌が終結すると廃城とした。

この内訌のことは『日本書紀』『続日本紀』を通じて一切記録がない。その理由は、日本国がこの王の存在を歴史から抹殺したからである。

二、消された倭国

『日本書紀』には大化、白雉、朱鳥の三つの年号が登場する。その中で大化は改元の年にのみ一部使用され、朱鳥は改元の記事のみ、そして白雉年号は西暦六五〇から六五四年までの五年分の記事で使用されている。

年号は本来連続して使用するべきものであり、白雉年号のように連続して記録されるのが正しい。『日本書紀』には改元の記事しかない朱鳥年号だが、『万葉集』には朱鳥四年から同八年の記事が引用されている。


［日本紀に曰く、「朱鳥四年庚寅の秋九月、天皇、紀伊国に幸《こう》す」〈『万葉集』巻一、三十四歌注記〉

［日本紀に曰く、「朱鳥六年壬辰の春三月丙寅の朔の戊辰《(三日)》、浄広肆広瀬王等を以て留守官と為す。（以

下、略)」〈『万葉集』巻一、四十四歌注記〉

［日本紀に曰く、「朱鳥七年癸巳の秋八月、藤原の宮地に幸す」［八年甲午の春正月、藤原宮に幸す」(以下、略)」〈『万葉集』巻一、五十歌注記〉

［日本紀に曰く、「朱鳥五年辛卯の秋九月己巳の朔の丁丑（九日）、浄大参皇子川島薨ず」」〈『万葉集』巻二、百九十五歌注記〉

この朱鳥年号は『万葉集』で引用された『日本紀』には年号で表記しているが、『日本書紀』では改元の記事のみを記載し、他はすべて干支で表記している。

このように意図的に削除された年号だが、平安時代に編纂された『二中歴』には、継体天皇の治世から大化五年（西暦七〇〇年）までの三十一の年号が記録されている。

現在、この年号は私年号として扱われているが、『日本書紀』に登場しない白鳳、朱雀の二つの年号が『続日本紀』に記載されている。

［白鳳以来、朱雀以前、年代玄遠にして尋問明め難し」〈『続日本紀』巻九、神亀元年十月一日〉

大化、白雉、朱鳥はもとより、白鳳と朱雀の二つの年号をあまねく包含している『二中歴』の年号群は大宝建元以前に倭国で使用されていた年号である。

この年号問題について、近年では古田武彦氏の研究が著名である。古田氏は二中歴以外にも『海外諸国紀』や各地の古刹《こさつ》の伝承や古文書に記録されている年号について研究を重ね、この年号が日本国ではなく倭国の時代に使用されていたものであることを解き明かした。

古田氏によれば、この年号群を使用した倭国は九州地方に割拠し、五世紀に活躍した倭の五王の時代から連綿と続く王朝であるとする説を唱えた。また古田氏は、新興国の日本国は倭国を滅ぼした後、自国の歴史書（『日本書紀』）を編纂するにあたり、倭国の歴史書の記事を換骨奪胎したとする説を唱えた。

筆者は古田氏の研究成果について敬意を表しており、本書はその研究成果を元に執筆している。しかし『日本書紀』が倭国の歴史書の換骨奪胎であるとする説には疑問を抱いている。何故ならば日本国が倭国を滅亡させたのであれば、その功績を誇らしげに意気揚々と記録するものなのに『日本書紀』『続日本紀』には倭国滅亡に到る記録は一切なく、それどころか倭国という存在を抹消しているからである。

これは換骨奪胎ではなく記録抹殺である。例えるならばローマの元老院がネロのような横暴な皇帝を記録から抹殺したのと同じ処置である。

日本国がこのような処置を取ったのは、前述したように七世紀後半、倭国には二人の王がいたことと関係がある。

この二人の王は同族であったが仲違いした。

その原因は、天智天皇の出自にある。

『日本書紀』によれば、天智天皇は開別皇子《ひらかすわけ》、またの名を葛城皇子《かずらき》といい、第三十四代舒明天皇の子として生まれた。

西暦六四三年、山背大兄王《やましろのおおえのおう》（用明天皇の孫）が蘇我入鹿に弑殺されると、二年後の西暦六四五年、血統的には遠縁でありながら二十一歳の若さで乙巳の変を起こし、その仇を討った。

この後、叔父の孝徳天皇を擁立し、自身は皇太子の座に収まったが、西暦六五三年、孝徳天皇を裏切って母の斉明天皇を擁立した。

西暦六六〇年、百済が唐・新羅の連合軍により滅亡すると、斉明天皇は百済救援の軍を興すが、西暦六六一年、斉明天皇が百済戦役の最中に崩御すると即位を見送って称制を敷き、七年後の西暦六六八年、心変わりして即位した。

この頃、皇太弟・大海人皇子が台頭しており、国内を二分する派閥争いを繰り広げる羽目になった。

西暦六七一年、余命を悟った天智天皇は大海人皇子を朝廷から追放し、子の大友皇子を後継者に定めたが、天智天皇が崩御すると大海人皇子は武装蜂起し、大友皇子から皇位を簒奪し、即位した。

天武天皇（大海人皇子）は在位十四年で崩御し、代わって后の鸕野讃良《うののさらら》皇后（持統天皇）が即位した。

西暦六九七年、持統天皇は孫の軽皇子（文武天皇）に譲位し、文武天皇が在位十一年で崩御すると、以後、元明天皇（天智天皇の皇女）、元正天皇（文武天皇の姉）、聖武天皇（文武天皇の子）、孝謙天皇（聖武天皇の皇女）の順で、文武天皇の血統に皇位が継承された。

この間、天武天皇の皇子は誰一人即位していない。

問題なのは、持統天皇が軽皇子（文武天皇）に譲位した時、文武天皇は父・草壁皇子が即位前に薨去していたため、親王宣下のない二世王だったことである。二世王の文武天皇が、親王位にあった天武天皇の皇子を差し置いて即位するのは道理に合わない。

仮に天武天皇が皇位を簒奪したことが影響しているのだとすれば、天智天皇が即位を何度も見送ったことと無縁ではないと思われる。しかし天智天皇の血統に問題があったため即位を何度も見送ったと考えると、娘の持統天皇も同じ問題を抱えていたことになる。しかし持統天皇は父とは違い、即位を見送るようなことはしなかった。

このように天智天皇と天武天皇には、どちらにも血統に関する問題を孕《はら》んでいることが分かる。ところがこれらの問題は『日本書紀』が隠蔽した一つの事実に気づくだけで氷解する。それは開別皇子と葛城皇子は一人の天智天皇を指すのではなく、それぞれ別の皇子という事実である。

本来は開別皇子が天智天皇であり、葛城皇子は別人である。この二人の皇子は日本国、倭国に分裂して覇権を争い半世紀に及ぶ壮絶な内乱を繰り広げたが、最後は日本国の元首となった天智天皇の娘、持統天皇と孫の文武天皇により倭国が滅亡し、この内乱は終結した。

『日本書紀』はこの内乱を闇に葬るため、葛城皇子とその皇孫の事績を記録から抹殺したのである。本書は倭国分裂から再統一に到る過程を探究するに当たり、『日本書紀』の記事と二中歴に掲載された年号（以後、二中歴年号と称す）を照合することにより解き明かす。

二中歴年号は『日本書紀』が隠蔽した史実を白日の許に晒す手掛かりとして不可欠である。『日本書紀』が年号を断片的にしか採録しなかった理由は、何らかの事情により年号を記載できなかったからである。その事情を解明することができれば、『日本書紀』が隠蔽した史実、即ち正史から抹殺された葛城皇子と倭国の事績を復元できる。

参考までに天智天皇が活躍した乙巳の変が発生した「命長」年号以降の二中歴年号を記載する。（二中歴年号の西暦表記については、古田氏の著作『壬申大乱』（ミネルヴァ書房。一八六頁）を参考に記載）

命長七年（西暦六四〇年～西暦六四六年）
常色五年（西暦六四七年～西暦六五一年）
白雉九年（西暦六五二年～西暦六六〇年）
白鳳二十三年（西暦六六一年～西暦六八三年）
朱雀二年（西暦六八四年～西暦六八五年）
朱鳥九年（西暦六八六年～西暦六九四年）
大化六年（西暦六九五年～西暦七〇〇年）

第二章　天智天皇の出生の謎

一、開別皇子と葛城皇子

天智天皇は神武天皇から数えて三十八代目の天皇である。『日本書紀』によれば舒明天皇と宝皇女との間に生まれた三人の子供の長男である。

〔二年春正月の丁卯の朔戊寅(十二日)、宝皇女を立てて皇后と為す。后は二男一女を生む。一に曰く、葛城皇子。(近江大津宮御《おわします》宇天皇)。二に曰く、間人《はしひと》皇女。三に曰く、大海皇子。(浄御原《きよみはら》宮御《おわします》宇天皇)〕〈『日本書紀』巻二十三、舒明二年一月十二日条〉

『日本書紀』舒明紀によれば、天智天皇は葛城皇子という。それは割注に「近江大津宮御宇天皇」と記されていることによる。

「近江大津宮御宇天皇」とは近江大津宮に御座《おわ》した天皇という意味であり、近江京に都を置いた天智天皇のことを指す。他の同時代資料（『上宮聖徳法皇帝説』）によれば、さらに省略して「近江天皇」と呼ばれていた。

「□□《（欠字）》天皇の御世、乙巳の年六月十一日、近江天皇（生《うま》れて二十一年）、林太郎□□《（欠字）》を殺す。明くる日を以て、その父の豊浦大臣と子孫等、皆これを滅す」〈『上宮聖徳法皇帝説』〉

『上宮聖徳法皇帝説』によれば、近江天皇（天智天皇）は乙巳の年（西暦六四五年）に数え年二十一歳で蘇我入鹿と父の蝦夷を誅殺した。豊浦大臣とは豊浦に居宅を構えた蘇我蝦夷を指し、林太郎はその息子、蘇我入鹿を指す。

　この事変はその年の干支を取って「乙巳の変」と呼ばれている。

天智天皇の生年は『日本書紀』に記載がないが、生年の手がかりとなる記事が『日本書紀』舒明紀に残されている。

「十三年冬十月の己丑の朔丁酉《（九日）》、天皇は百済宮に崩ず。丙午《（十八日）》、宮の北にて殯《もがり》す。これを百済大殯《おおもがり》と謂う。この時、東宮の開別皇子は年十六にして、これを誄《しのびごと》す。」〈『日本書紀』巻二十三、舒明十三年十月九日条〉

　この記事によれば開別皇子は十六歳で東宮の地位にあった。「開別皇子」は、『日本書紀』ではこの記事でしか登場しないが、紛れもなく天智天皇である。それは天智天皇の和謚号「天開別天皇」に皇子時代の名がそのまま使用されているからである。

舒明天皇が崩御した年、開別皇子は十六歳であり、五年後の乙巳の変の際、二十一歳であった。年齢の整合性は取れており、天智天皇が開別皇子であることに疑いの余地はない。

ここで問題なのは『日本書紀』の葛城皇子に付された「近江大津宮御宇天皇」の割注である。この割注により葛城皇子は開別皇子として扱われ、二つの名を持たされた。

そもそも一人の皇子が二つの名を持つのは改名せざるを得ない事情があった時だけである。

舒明天皇の子として生まれた葛城皇子が舒明天皇の崩御までの間に何らかの事情で開別皇子に改名したのであれば、妹の間人皇女や弟の大海人皇子も改名して然るべきである。ところがこの二人の妹弟は改名していない。

第一章でも述べたように葛城皇子と開別皇子は別人である。その根拠は『日本書紀』の次の一文にある。

「天命開別天皇、息長足日広額《おきながたらしひひろぬか》天皇の太子なり。母は曰く、天豊財重日足姫《あめとよたからいかしひたらしひめ》天皇なり。」〈『日本書紀』巻二十七、冒頭〉

「息長足日広額天皇」は舒明天皇の和謚号であり、「天豊財重日足姫天皇」は斉明天皇の和謚号である。

この記事によれば天智天皇は舒明天皇の太子、即ち皇太子と記されている。着目してほしいのは「太子」という表記である。『日本書紀』では皇子を記載する場合、「何番目の子」という形で記述する。例えば次男であれば「第二子」、三男であれば「第三子」、そして長男であれば「長子」である。

次の『日本書紀』安閑紀より、安閑天皇（和謚号・勾大兄広国押武金日天皇）が継体天皇（和謚号・男大迹天皇）の第一皇子であることを記述した部分を引用する。

「勾《まがりの》大兄《おおえ》広国《ひろくに》押《おし》武《たけ》金日《かなひ》天皇は男大迹《おおど》天皇の長子なり」〈『日本書紀』巻十八、冒頭〉

男大迹天皇（継体天皇）の第一皇子であった安閑天皇は「長子」と表記された。それならば天智天皇もまた舒明天皇の「長子」または「第二子」「第三子」と表記されるべきだが、そうはなっていない。

これは誤記の類ではない。当時の歴史家はたった一文字でもそこに想いを込めて記述した。

これに関しては有名な逸話がある。古代中国・西晋時代の歴史家である陳寿は三国時代の蜀国に仕えていたが、蜀国の滅亡後、西晋に出仕し『三国志』を編纂した。西晋は魏国より皇位を禅譲されたため、陳寿は『三国志』の編纂にあたり魏国の皇帝を正当な皇帝とし、それ以外の国、即ち蜀国、呉国の皇帝を僭帝として取り扱わなければならなかった。

陳寿はかつての祖国をその辱めから守るため『三国志』の中で蜀国の始祖・劉備の死を表記するのに、「殂」という字を使用した。皇帝の死は通常「崩」の字を使用し、臣下の死は「薨」の字を使用する。陳寿はこのどちらも使用しないことで劉備を別格の存在として扱い、僭帝とは異なる存在であることを暗喩した。

このように歴史家は自由な発言を許されなければ、文字を使い分けることで身分を表現し、後世にその意図を伝えようとした。

それと同じ意図が『日本書紀』の編纂者にもあったのではないかと考える。

『日本書紀』は西暦七二〇年に撰上された。その内容は持統天皇が譲位した西暦六九七年までの事績を綴る。

『日本書紀』の編纂者が最も苦悩したのは同時代史の記述であったと思われる。その内容が批判的なものであれば同時代人を傷つけることになり、その人物が高位高官であれば編纂者自身が殺されかねない。

政治的な事情から開別皇子と葛城皇子を同一人物として扱うことを余儀なくされた『日本書紀』の編纂者は仕方なく葛城皇子の割注に「近江大津宮御宇天皇」を付したが、後世に真実を伝えるため、天智天皇の出自を「長子」ではなく「太子」と表記し、天智天皇が舒明天皇の実子ではないことを暗示した。

それが『日本書紀』天智紀の「天命開別天皇、息長足日広額天皇の太子なり」に込められた編纂者の意図である。

開別皇子は葛城皇子ではない。

この二人は別人である。

二、天智天皇と天武天皇

開別皇子（天智天皇）は遠智《おち》娘（蘇我山田石川麻呂の娘）との間に儲けた二人の娘（大田皇女、鸕《う》野《の》皇女）を弟の大海人皇子（天武天皇）に嫁がせた。

［蘇我山田石川麻呂大臣の女有り。遠智娘と曰う。（或本に美濃津子《みのつこ》娘と云う。）一男二女を生む。その一に曰く、大田皇女。その二に曰く、鸕野皇女。天下を有《も》つに及び、飛鳥浄御原宮に居し、後に宮を藤原に移す。その三に曰く、建《たける》皇子。唖にして語ること能わず。」〈『日本書紀』巻第二十七、天智七年二月二十三日条〉

鸕野皇女が天武天皇（和謚号・天渟中原瀛真人天皇）の妃であったことは、『日本書紀』持統紀の「天豊財重日足姫天皇の三年、天渟中原瀛真人天皇に適し、妃と為す」の一文より確認できる。

また姉の大田皇女については『日本書紀』天武紀の「先に皇后の姉の大田皇女を納《い》れて妃と為す」の一文より、同じく天武天皇の妃であったことが確認できる。

鸕野皇女は飛鳥浄御原宮、そして後に藤原京で天下を治めた持統天皇である。

〔高天原広野姫天皇、少《わかきとき》の名は鸕野讃良皇女なり。天命開別天皇の第二女なり。〕〈『日本書紀』巻三十、冒頭〉

『日本書紀』天武紀には鸕野皇女と記述されているが、『日本書紀』持統紀では鸕野讃良皇女に変更されている。変更した理由は『日本書紀』の編纂者が参考にした底本に「鸕野皇女」と「娑羅々皇女」と、それぞれ別の皇女名が記載されていたからだと推測する。

『日本書紀』の編纂者は混乱の元となった底本を『日本書紀』天智紀に掲載している。

〔或本に云う、遠智娘は一男二女を生む、と。その一に曰く、建皇子。その二に曰く、大田皇女。その三に曰く、鸕野皇女。或本に云う、蘇我山田麻呂大臣の女は芽淳《ちぬ》娘と曰う。大田皇女と娑羅《さら》々皇女を生む。〕〈『日本書紀』巻二十七、天智七年二月二十三日条。割注〉

これによれば、一番目の「或本」には鸕野皇女と記載され、別の「或本」には娑羅々皇女と記載されている。

『日本書紀』の編纂者の手元には少なくとも異なる三つの資料があった。この中で三番目の資料（或本）に記述された「娑羅々」皇女の名は母も異なるため別人と思えるが、『日本書紀』の編纂者は何故か強引に「娑羅々」を同音の「讃良」に変えて「鸕野讃良」とし、持統紀に採録した。

父は同じでも異なる母から生まれた別の皇女の名前を合わせる『日本書紀』の手法は容認できるも

のではない。しかしながら混乱を避けるため、以後、持統天皇の皇女名については持統紀の本文に記載されている通り、「鸕野讃良」で統一する。

天智天皇の二人の娘（大田皇女と鸕野讃良皇女）は天武天皇の妃となったが、天智天皇はさらにもう二人の娘を大海人皇子に嫁がせた。

［次の妃は大江皇女なり。長《なが》皇子と弓削《ゆげ》皇子を生む。次の妃は新田部《にいたべ》皇女なり。舎人《とねり》皇子を生む。］〈『日本書紀』巻二十九、天武二年二月二十七日条〉

大江皇女と橘娘の出自については、『日本書紀』天智紀より確認できる。

［次に阿倍倉梯麻呂《くらはしまろ》大臣の女有り、橘娘と曰う。飛鳥皇女と新田部皇女を生む。（略）忍海《おしぬみ》造小龍の女有り。色夫古《しこぶこ》娘と曰う。一男二女を生む。その一に曰く、大江皇女。その二に曰く、川嶋皇子。その三に曰く、泉皇女。］〈『日本書紀』巻二十七、天智七年二月二十三日条〉

これによれば大江皇女は天智天皇が色夫古娘（忍海造小龍の娘）との間に儲けた娘であり、新田部皇女は天智天皇が橘娘（阿部倉橋麻呂の娘）との間に儲けた娘であることが分かる。

このように天智天皇は四人の娘（大田皇女、鸕野讃良皇女、色夫古娘、橘娘）を弟の大海人皇子に嫁がせた。

天智天皇と大海人皇子は同母兄弟である。それは『日本書紀』天武紀に明確に「同母弟」と記載されていることより確認できる。

［天渟中（渟中はこれ農難《ぬな》という）原瀛《おき》真人天皇は天命開別天皇の同母弟なり。幼きは大海人皇子と曰う。］〈『日本書紀』巻二十八、冒頭〉

天渟中原瀛真人天皇は天武天皇の和謚号である。舒明紀では「大海皇子」と表記され、ここでは「大海人皇子」と表記されている。このように表記方法は異なるが、天武天皇の和謚号「天渟中原瀛真人天皇」の「瀛」には「大海」という意味があり、幼名の表記が「大海皇子」と「大海人皇子」のどちらであっても天武天皇を指すことに変わりはないため、この二人は同一人物である。尚、本書では天武天皇の皇子名は天武紀に記載されている「大海人皇子」で統一する。

大海人皇子は舒明天皇の后、宝皇女（皇極天皇、斉明天皇）の腹から生まれたと『日本書紀』天武紀に記載されている。そして大海人皇子と天命開別天皇（天智天皇）は同母兄弟である。従って天智天皇（天命開別天皇）の母は宝皇女である。

天智天皇の父は『日本書紀』舒明紀の記述に従えば舒明天皇である。つまり大海人皇子と天智天皇は同父兄弟となるわけだが、ここで問題なのは、同父同母兄弟で兄が弟に四人も娘を嫁がせている例がないことである。

確かに同父同母兄弟でも、兄が弟に娘を嫁がせる例は存在する。しかし四人も娘を嫁がせた例は一つもない。

同父異母兄弟であれば一例だが存在する。

継体天皇の第二皇子・宣化天皇は同母兄・安閑天皇の崩御後、第二十八代天皇として即位した。宣化天皇には弟の排開広庭皇子《おしはらきひろにわ》（欽明天皇）がおり、『日本書紀』欽明紀は排開広庭皇子を継体天皇の「嫡子」と表記している。その理由は弟の欽明天皇の母が宣化天皇の母よりも家格が上だったからである。排開広庭皇子の母・手白香皇女は先代の仁賢天皇の娘であり、武烈天皇の代で断絶した王朝を引き継ぐ名目で継体天皇が后に迎えた。一方、宣化天皇の母は尾張の豪族の娘である。

宣化天皇は母方の家格で劣っていたため、『日本書紀』では庶兄として扱われた。

継体天皇の崩御後、庶長子の安閑天皇が皇位を継いだ。安閑天皇は宣化天皇の同父同母兄である。安閑天皇が治世四年で崩御すると弟の宣化天皇が即位した。この時、宣化天皇は異母弟の排開広庭皇子に四人の娘を嫁がせた。

四人も嫁がせたのは宣化天皇が排開広庭皇子に対して不穏な動きを嗅ぎ取ったからであろう。嫡子の排開広庭皇子が宣化天皇の即位を快く思っていないのは想像に難くない。そのまま放置すれば生命の危険もある。

宣化天皇には二つの選択肢があった。排開広庭皇子を懐柔するか、粛清するかである。

宣化天皇が採用したのは懐柔策であった。それが四人の娘を嫁がせた背景にあると推測する。

これと同じ事情が天智天皇と大海人皇子の間にもあったと考える。何故ならば大海人皇子は朝廷内で一目を置かれる存在だったからである。

［壬午《十九日》、吉野宮に入る。時に左大臣蘇賀赤兄臣、右大臣中臣金連《かね》、及び大納言蘇賀果安《はたやす》臣等はこれを送り、菟道《うじ》より返す。或いは曰く、虎に翼を着せてこれを放つものなり。］〈『日本書紀』巻二十八、天武即位前十月十九日条〉

西暦六七一年、余命を悟った天智天皇は大海人皇子を吉野に追放した。ところが時の朝廷の重臣はこの追放を「虎に翼を付けて放つようなものだ」と畏怖した。

同父同母兄弟でここまで弟が権力を握るのは、兄よりも弟の方が才気、器量に優れている場合である。家格や育った環境が同じであれば、才能や器量が優れていなければ兄を凌駕することはできない。天智天皇は二十一歳の若さで、国政を壟断《ろうだん》した蘇我入鹿を誅殺するほどの決断と勇気に富んだ英雄である。一方、大海人皇子には目立った功績がない。その大海人皇子が英雄・天智天皇を凌駕することはあり得ない。

しかし近江朝廷の重臣は大海人皇子を「虎」と畏怖した。「虎」は天智天皇を「龍」に見立てての表現である。何の功績もない大海人皇子が天智天皇に匹敵するほどの権力を持つに至ったのは器量も然ることながら別の要因にある。

それは家格である。

天智天皇が大海人皇子に四人の娘を差し出したのは、庶兄・宣化天皇が嫡弟・排開広庭皇子にしたのと同じように大海人皇子を懐柔するためである。

『日本書紀』天武紀に「天命開別天皇（天智天皇）の同母弟」と記載されていることから、天智天皇と大海人皇子は異父兄弟である。

大海人皇子は舒明天皇の子である。一方、天智天皇の実父は舒明天皇ではない。そのことが天智天皇にとって負い目となり、四人の娘を大海人皇子に嫁がせることになった。

三、天智天皇の実父と乙巳の変の動機

天智天皇と大海人皇子は異父同母兄弟である。それは天智天皇の父は舒明天皇ではないことを意味する。
天智天皇の実父について、それを紐解く鍵が『日本書紀』斉明紀に残されている。
［天豊財重日足姫天皇は初め橘豊日天皇の孫、高向王《たかむく》に適し、漢皇子《あや》を生む。後に息長足日広額天皇に適し、二男一女を生む。］〈『日本書紀』巻二十六、冒頭〉
天豊財重日足姫天皇（斉明天皇）は息長足日広額天皇（舒明天皇）に嫁ぐ前、橘豊日天皇（用明天皇）の孫の高向王に嫁ぎ、漢皇子を生んだ。

この漢皇子が天智天皇であり、父親は高向王である。

その後、斉明天皇は高向王と離別し、舒明天皇の后となり、三人の子供（葛城皇子、間人皇女、大海人皇子）を儲けた。この時、漢皇子は連れ子として舒明天皇の王宮に入り、開別皇子と改名し、舒明天皇の東宮となった。

開別皇子にとって三人の弟妹（葛城皇子、間人皇女、大海人皇子）は異父同母の関係となる。東宮となった開別皇子には同じ用明天皇の血統である山背大兄王が後ろ盾についた。山背大兄王は時の権力者である蘇我蝦夷に忌避されたため即位できずにいたが、蘇我蝦夷が舒明天皇を擁立すると、連れ子として王宮に入った同じ用明天皇の皇孫である開別皇子を立太子させて溜飲を下げた。

しかし舒明天皇の崩御後、開別皇子は即位できなかった。『日本書紀』によると、舒明天皇の后・宝皇女（皇極天皇）が即位したためである。

西暦六四三年、山背大兄王は蘇我入鹿の急襲により一族もろとも自害して果てた。後ろ盾を失った開別皇子は二年後、中臣鎌足などの協力者を得て乙巳の変を起こし、蘇我蝦夷、入鹿父子を討伐した。

開別皇子を舒明天皇の実子とした場合、舒明天皇の後ろ盾であった蘇我蝦夷、入鹿父子を討伐する動機が見当たらないが、高向王の子とすると動機は同じ用明天皇の皇孫であった山背大兄王の仇討ちとなる。

開別皇子には命を賭してでも乙巳の変を成し遂げなければならない事情があったのである。

第三章　「白雉年号」二年のずれ

『日本書紀』に記録されている三つの年号のうち、西暦六五〇年から西暦六五四年までの五年間の記事は干支ではなく白雉年号で記述されている。

白雉元年は孝徳天皇の治世六年目（西暦六五〇年）に当たる。ところが二中歴年号によると白雉元年は西暦六五二年とされており『日本書紀』と二年ずれている。

白雉改元は難波長柄豊碕《なにわのながらのとよさき》宮に御座《おわ》した天皇が施行したことは『続日本紀』の次の記述より確認できる。

「昔者《むかし》、隆周《りゅうしゅう》は刑措《お》き、越裳《えつしょう》乃ち致《ち》す。豊碕は升平し、長門もまた献ず」〈『続日本紀』巻二十九、神護景雲二年六月二十一日条〉

神護景雲二年（西暦七六八年）、武蔵国から白雉が献上された時、過去の先例を引き合いに出し、白雉献上は天下平穏の瑞祥であると説いた。

「周が隆盛を誇っていた頃、刑罰を設置すると越裳の国が白雉を献上した。そして我が国でも豊碕朝の時に天下が平穏になると長門国が白雉を献上した」

「豊碕」とは白雉二年十二月に孝徳天皇が遷した難波長柄豊碕宮を指し、「長門」は豊碕朝の時に白雉を献上した国である。

白雉改元の記事は『日本書紀』孝徳紀にあり、そのことから『日本書紀』では白雉改元を孝徳天皇の事績として扱っている。

ところがその場合、孝徳天皇の崩御月（白雉五年（西暦六五四年）十月）に関して、持統三年（西暦六八九年）の次の記事と矛盾が生じるのである。

「昔、難波宮にて天下を治めし天皇の崩ずる時、巨勢稲持等を遣わし、喪を告げし日、翳飡《えいさん》の金春秋《きんしゅんじゅう》が勅を奉ず。」〈『日本書紀』巻三十、持統三年五月二十二日条〉

孝徳天皇の崩御後、新羅に巨勢稲持《いなもち》が派遣され、翳飡《えいさん》（序列第二位）の金春秋《きんしゅんじゅう》（後の新羅の武烈王）が応対した。ところが天武天皇の崩御の時、低位の者が応対したため、持統天皇はこれを非難した。

この記事はその時の詔勅を記載したものであり、この詔勅に登場する金春秋はこの年（西暦六五四年）の五月に即位している。

従って持統天皇の詔勅通り、孝徳天皇の崩御の報を携えた巨勢稲持を金春秋が応対したのであれば、それは金春秋が新羅王として即位する白雉五年五月以前でなければ成立しないのである。

白雉年号の謎は他にもある。それは白雉年号が孝徳天皇の崩御後も使用されていることである。

二中歴年号によれば白雉年号は西暦六五二年から西暦六六〇年までの九年間、使用された。ところが年号は通常、天皇の即位から一年以内に改元するものである。大宝元年（西暦七〇一年）の建元以後、武家政権が誕生する治承四年（西暦一一八〇年）までの間、天皇の即位で一年以内に改元されなかったのは淳仁天皇と宇多天皇の僅か二例しかない。

淳仁天皇は孝謙天皇の傀儡であったため改元できなかった。また宇多天皇は太政大臣・藤原基経の不興を買い、政務が停滞したため改元できなかった。

それぞれ理由は明白である。（但し、宇多天皇は藤原基経との関係を修復したため、二年後には改元している。）

これに対して孝徳天皇の次に即位した斉明天皇は傀儡でもなければ、政務が停滞していたわけでもない。『日本書紀』斉明紀によると、斉明天皇は相当な強権を奮っていた。

［時に興事を好み、廼《すなは》ち水工をして渠《みぞ》穿《ほ》らしむ。香山《かぐやま》の西より石上山に至るまで、舟二百隻を以て石上山の石を載せ、流れに順い控《ひ》引き、宮の東の山に於て石を累《かさ》ねて垣と為す。時の人は謗りて曰く、狂心の渠《みぞ》なり、と。］〈『日本書紀』巻二十六、斉明二年九月条〉

この記事によれば、斉明天皇は水堀を香久山の西から石上山まで引き、宮殿を石塁で囲んだという。

これだけの大工事は政務が停滞していては実現できない。勿論、傀儡の天皇が実行できる事業でもない。

これほどの権力を有した天皇が先代の年号を使用し続ける理由はないのである。

白雉年号が孝徳天皇の崩御後も使用され続けていることから、白雉年号は孝徳天皇ではなく、別の天皇によって改元された可能性がある。

そこで今度は二中歴年号と孝徳天皇の事績を照合し、孝徳天皇が使用していた年号を考察する。

二中歴年号によれば、白雉年号の前の年号は常色年号である。常色年号は西暦六四七年に改元されている。即位時に改元の儀を執り行う慣例を考慮すると、孝徳天皇は乙巳の変の年（西暦六四五年）に即位してから二年後に常色に改元したものと考える。

即位から二年経過しているのは宇多天皇の御代と同じく、乙巳の変で重臣の蘇我蝦夷、入鹿父子が滅んだことによる政務の停滞が原因であると考える。

常色年号は西暦六四七年から西暦六五一年までの五年間で使用された後、白雉に改元された。『日本書紀』は孝徳天皇の在位中に白雉改元が執り行われたように記載しているが、孝徳天皇の崩御後、九年間も使用されていることから、白雉年号を使用したのは孝徳天皇ではなく、孝徳天皇の次に即位した別の天皇である。

白雉年号を使用した天皇は斉明天皇ではない。何故ならば、白雉改元の儀を執り行ったのは難波長柄豊碕宮のはずだが、斉明天皇が都を置いた場所は飛鳥板蓋宮だからである。

［皇祖母尊、天皇位を飛鳥板蓋宮に於て即く］〈『日本書紀』巻二十六、斉明元年正月条〉

このことから白雉改元は孝徳天皇でもなく、斉明天皇でもない別の天皇が執り行ったことが分かる。

『日本書紀』は孝徳天皇の崩御を白雉五年としている。しかし孝徳天皇を常色年間に在位した天皇と考えると、孝徳天皇の崩御年は常色五年となる。『日本書紀』には孝徳天皇の崩御年である白雉五年を最後に、白雉六年以降の記述がない。これは孝徳天皇が常色五年で崩御したからである。

『日本書紀』の編纂者が孝徳天皇の常色年間の記事を白雉に書き換えて転用したのは、白雉改元の記事を孝徳天皇の事績にすり替えることで、白雉改元を行った天皇の事績を抹殺したかったからである。

この天皇は難波長柄豊碕宮に都を置き、西暦六五二年に白雉改元の儀を執り行い、白雉九年（西暦六六〇年）に崩御した。

この天皇を『続日本紀』の「豊碕朝」の名に因み、以後、豊碕天皇と呼ぶ。『日本書紀』の編纂者は葛城皇子と同様に、豊碕天皇も正史から抹殺した。

豊碕天皇は西暦六六〇年まで存命していた。『日本書紀』からその存在を抹殺するには孝徳天皇の治世をそこまで引き延ばす必要があった。しかしそうすると持統紀に掲載した記事との整合性が取れなくなる。そこでやむなく新羅の武烈王が即位した年（西暦六五四年）を孝徳天皇の崩御年とし、残りの部分は本書の五章で説明する斉明天皇の記事で補った。武烈王の即位月が孝徳天皇の崩御月（十月）よりも五ヶ月早いのは『日本書紀』の編纂者にしてみれば誤差の範囲と思ったのだろう。

孝徳天皇の崩御年を新羅の武烈王が即位した西暦六五四年と決め、常色年間の五年分の記事を「常色」を「白雉」に変えて転用した。この改竄により白雉（常色）元年は西暦六五〇年となり、実際の白雉元年（西暦六五二年）と二年ずれる結果となったのである。

第四章　皇太子離反の謎

一、皇太子離反の首謀者

孝徳天皇が崩御する前年、皇太子が離反する事件が『日本書紀』孝徳紀に記されている。

［太子奏請して曰く、倭京に冀遷《きせん》せんと欲す。天皇、許さず。皇太子、乃ち皇祖母尊、間人皇后を奉じ、幷《あわ》せて皇弟等を率いて、往きて倭の飛鳥河辺行宮《あすかのかわらのかりみや》に居す。時に公卿大夫百官人等、皆、随い遷る。］

〈『日本書紀』巻二十五、白雉四年条〉

『日本書紀』によると、離反した皇太子は開別皇子（天智天皇）である。開別皇子は母の皇祖母尊（宝皇女。後の斉明天皇）と孝徳天皇の皇后であった間人皇女と自分の弟を引き連れて難波宮を去り、飛鳥河辺行宮を行在所とした。この時、公卿大夫百官も皇太子に同行した。

ところがこのクーデターには不可解な謎がある。

孝徳天皇の許を去った皇族、即ち母の皇祖母尊、妹の間人皇女、そして弟（大海人皇子）はいずれも舒明天皇の血縁者だが、第二章で説明したように開別皇子は舒明天皇の血縁者ではなく、他の妹弟とは母方の血しか繋がっていない異父妹弟であった。開別皇子が用明天皇の二世の皇孫、即ち「諸王」であるのに対して、他の弟は舒明天皇の嫡出の男子、即ち「親王」位であり、開別皇子よりも身分が高い。

つまり「諸王」の開別皇子は、自分よりも身分の高い「親王」の間人《はしひと》皇女や大海人皇子を従えてこのクーデターを実行したことになる。階級意識が強い皇族の中で、間人皇女や大海人皇子が素直に従ったとは考えられない。仮に素直に従ったのであれば、クーデターを起こした皇太子は間人皇女や大海人皇子と同格の人物であったことになる。

「諸王」の開別皇子が「親王」の間人皇女や大海人皇子を従わせることができた点が一つ目の謎である。

二つ目の謎は開別皇子がこのクーデターを実行した動機である。

このクーデターは孝徳天皇の崩御の前年（常色四年。西暦六五〇年）に発生した。ところが開別皇子はこのクーデターの前年（常色三年。西暦六四九年）に左大臣・阿倍内麻呂と右大臣・蘇我倉山田石川麻呂という二人の後ろ盾を失っていた。開別皇子は阿倍左大臣と蘇我倉山田右大臣の娘を妃に迎え、姻戚関係を通じて政権運営の枢軸に据えていた。

重鎮二人を失った時点で、開別皇子にはクーデターを実行するだけの力はなかった。それにも関わらず、開別皇子はクーデターに踏み切り、成功させたのである。
開別皇子が有能だったと言ってしまえばそれまでだが、身分が低い「諸王」という立場に加え、両翼と頼んでいた重鎮二人を失いながらクーデターを成功させるのは不可能に近い。しかも重鎮二人は同時期に亡くなった。

左大臣の阿倍内麻呂は自然死だが、右大臣の蘇我倉山田石川麻呂は冤罪死である。

「三月の乙巳の朔辛酉《（十七日）》、阿倍大臣が薨ず。」〈『日本書紀』巻二十五、孝徳五年三月十七日条〉

その七日後の三月二十四日、右大臣の蘇我倉山田石川麻呂に謀反の嫌疑が掛けられた。

「戊辰《（二十四日）》、蘇我臣日向は（日向、字は身刺《むさし》なり）、倉山田大臣を皇太子に譖《そし》りて曰く、『僕の異母兄の麻呂は皇太子の海浜に於て遊びしを伺い、まさにこれを害さんとす。まさに反すること、それ久しからず』と。
皇太子はこれを信ず。天皇、大伴狛《こま》連、三国麻呂公、穂積嚙《くい》臣をして蘇我倉山田麻呂大臣の所に使わし、反の虚実を問う。」〈『日本書紀』巻二十五、孝徳五年三月二十四日条〉

事件は蘇我倉山田石川麻呂の異母弟・蘇我日向が皇太子に「兄が浜辺に誘き出して殺害しようとし

ている」と讒言したことから始まる。

この記事に登場する皇太子は開別皇子である。

開別皇子はこの讒言を信じた。舅とはいえ、蘇我倉山田石川麻呂は開別皇子が殺した蘇我蝦夷の実弟である。裏切る可能性は否定できなかった。

開別皇子はこの讒言を孝徳天皇に伝えると、孝徳天皇は大伴狛連、三国麻呂公、穂積嚙臣の三名を蘇我倉山田石川麻呂の許に派遣し、「反の虚実」、即ち謀反の噂について真実か否かを詰問した。

蘇我倉山田石川麻呂は自分に謀反の嫌疑を掛けられたことに驚き、孝徳天皇に直接弁明したいと言った。

「大臣、答えて曰く、『問わせられし報《しら》せは、僕は面して天皇の所に陳すべし。』天皇、更に三国麻呂公、穂積嚙《くい》臣を遣わし、その反の状を審《つまび》らかにす。麻呂大臣、また前の如く答える。天皇、乃ち軍を興し、大臣宅を囲まんとす。」〈『日本書紀』巻二十五、孝徳五年三月二十四日条〉

ところが何故か孝徳天皇は蘇我倉山田石川麻呂に弁明の機会を与えず、それどころか討伐軍を編成し、蘇我倉山田石川麻呂の邸宅を包囲した。

この後、蘇我倉山田石川麻呂は菩提寺として建立した山田寺に入り、自害して果てた。この時、蘇我倉山田石川麻呂は自分の無実を伝えるため、皇太子（開別皇子）に遺書を残した。

この時の様子を『日本書紀』孝徳紀は次のように記している。

［この月、使者を遣わして、山田大臣の資財を収む。資財の中の好《よ》き書の上に皇太子の書と題す。重宝の上には皇太子の物と題す。使者、還りて収めし状を申す。皇太子、始めて大臣の心の猶《なほ》し貞《ただ》しく浄《いさぎよ》きことを知り、追いて悔い恥じることを生《な》し、哀《かなし》み歎くこと休み難し。］〈『日本書紀』巻二十五、孝徳五年三月条〉

蘇我倉山田石川麻呂は「皇太子の書」と題した手紙を残した。それを読んだ皇太子は蘇我倉山田石川麻呂の貞節を知り、深く後悔し、泣いたという。

この事件は蘇我倉山田石川麻呂の排斥を狙って仕組まれた陰謀である。しかし不可解なのは、政権運営の枢軸たる蘇我倉山田石川麻呂を孝徳天皇が積極的に自害に追い込んだことである。

さらに不可解なのはこの後、何事もなかったかのように白雉改元の儀（『日本書紀』によれば西暦六五〇年。二中歴年号によれば西暦六五二年）が執り行われたことである。しかし前章でも述べたように孝徳天皇は白雉改元の前年（常色五年。西暦六五一年）に崩御するため、白雉改元は次の豊碕天皇の事績である。

ここまでの流れを整理すると次のようになる。

常色三年（西暦六四九年）　蘇我倉山田石川麻呂の冤罪事件が発生
常色四年（西暦六五〇年）　皇太子が離反

常色五年（西暦六五一年）　孝徳天皇崩御
白雉元年（西暦六五二年）　豊碕天皇即位。白雉改元

孝徳天皇に離反した皇太子は開別皇子ではない。左右の両大臣という後ろ盾を失った開別皇子には現職の天皇に反旗を翻す力がないからである。

反旗を翻すということは皇太子の地位を捨てることであり、それは「諸王」の地位に戻ることを意味する。その状況下で親王の間人皇女や大海人皇子を従わせることなどできるはずがない。

この黒幕はもう一人の皇太子、葛城皇子である。

乙巳の変で蘇我蝦夷、入鹿親子を粛清した開別皇子はその遺臣から憎悪された。

蘇我遺臣は蘇我蝦夷、入鹿親子を失った後、舒明天皇の子・葛城皇子の傘下に入り、難を逃れていたと思われる。

蘇我遺臣の復権には葛城皇子の擁立が必要であった。そのためには開別皇子を失脚させる必要があり、左大臣・阿倍内麻呂の薨去後、開別皇子の後ろ盾であった右大臣・蘇我倉山田石川麻呂を排斥し、開別皇子の廃太子を画策した。

この陰謀には孝徳天皇の協力が必要だったが、舒明天皇の甥である孝徳天皇は血筋でいえば開別皇子よりも葛城皇子に近く、この陰謀に積極的に加担していたことから、孝徳天皇の心は既に開別皇子から葛城皇子に鞍替えしていたのだろう。

ところが孝徳天皇は蘇我倉山田石川麻呂の排斥後、開別皇子の粛清に成功しなかった。両翼を捥が

れたとはいえ、開別皇子には中臣鎌足という稀代の名臣が補佐していたからである。

蘇我倉山田石川麻呂の横死から一年後（西暦六五〇年）、葛城皇子は母の宝皇女と弟の大海人皇子、妹の間人皇女を引き連れて孝徳天皇の許を去った。一年待っても開別皇子は粛清されなかったため、痺れを切らして孝徳天皇の許を去ったのである。

これに公卿百官も従ったため孝徳天皇は孤立し、翌西暦六五一年、憂悶のうちに崩御した。孝徳天皇の崩御後、公卿百官は開別皇子ではなく、舒明天皇の血縁者の中から豊碕天皇を擁立した。西暦六五二年、豊碕天皇は即位し、年号を常色から白雉に改元し、葛城皇子を皇太子に立てた。豊碕天皇と葛城皇子の仲睦まじさは白雉改元の記事に表れている。


［三国公麻呂、猪名公高見、三輪君甕穂《みかほ》、紀臣乎麻呂岐太《おまろきだ》の四人をして、代りに雉《きじ》の輿を執りて殿の前に進む。時に左右大臣は就きて輿の前頭《まえ》を執り、伊勢王、三国公麻呂、倉臣小屎《おくそ》が輿の後頭《しり》を執り、御座の前に置く。天皇は即ち皇太子を召して共に執り観《み》る。皇太子退きて再拝す。」〈『日本書紀』巻二十五、白雉元年二月九日条〉

この記事によれば、瑞祥の白雉を乗せた御輿が豊碕天皇と皇太子・葛城皇子の御前に運ばれ、二人揃って観賞したという。この時、御輿を運んだ廷臣の一人、三国麻呂は孝徳天皇に命じられ蘇我倉山田石川麻呂を詰問した人物である。蘇我倉山田石川麻呂が直接、孝徳天皇に弁明したいと願い出たのは三国麻呂のように葛城皇子に通じている者がいたためである。

それは孝徳天皇の廷臣の中に葛城皇子派が存在したことを意味する。

葛城皇子は孝徳天皇の政権内にいた自派の廷臣とともにクーデターを実行し、開別皇子から政治の実権を奪還し、皇太子の座を掌中に収めたのである。

二、公卿百官が離反した理由

皇太子の離反後、孝徳天皇の許を去った公卿の中に左大臣・巨勢徳陀古と右大臣・大伴長徳がいた。この二人は蘇我倉山田石川麻呂の冤罪事件後に任命された左右の大臣である。

公卿百官の筆頭である大臣の離反にはそれなりの理由があった。

蘇我倉山田石川麻呂の冤罪事件の年（西暦六四九年）、朝鮮半島の南東に割拠していた新羅が唐の衣冠を正式に採用した。これは新羅の真徳王の治世三年目の出来事である。


［三年春正月、始めて中朝の衣冠を服す］〈『三国史記』新羅本紀、真徳王三年条〉

これは新羅の朝貢を受けていた倭国にとって重大な裏切り行為であったが、新羅にもやむを得ない事情があった。

新羅がこの決断に踏み切ったのは中国大陸が三百年の戦乱に終止符を打ったことと関係があった。

中国大陸の三百年の戦乱は西暦二九〇年、三国時代に終止符を打った西晋の武帝（司馬炎）の崩御後、後継者争いが泥沼化したことに始まる。この内乱は八王の乱と呼ばれ、各後継者は異民族の協力を得て戦争を続行させたが、最後まで生き残った懐帝（司馬熾《しばし》）が即位する頃には西晋の国力は底をついており、また協力者であったはずの異民族が各地に割拠し独立していった。さらに懐帝は匈奴が建国した前趙の皇帝、劉聡に首都洛陽を攻略され、西暦三一三年に処刑され、甥の愍帝《びんてい》（司馬鄴《しばぎょう》）が長安で即位したが西暦三一六年に前趙に降伏し殺されたため、司馬一族の中で唯一生き残った元帝（司馬睿《しばえい》）が江南で即位して東晋を建国し、辛うじて命脈を保つ有様であった。

西晋の滅亡後、華北は前趙を始めとする異民族国家と一部、漢民族国家を巻き込んだ中国大陸の覇権を巡る大戦乱が勃発した。

五胡十六国時代と呼ばれるこの戦乱は百年以上続いた。

その頃、東アジアは北の高句麗が朝鮮半島の覇権を巡って南の新羅、百済、加羅諸国、そして倭国と争っていた。その中でも倭国の勢威が強く、新羅、百済、加羅諸国は高句麗と倭国の間を和合、離反を繰り返しながら命脈を保っていた。

高句麗は華北と地続きであったが、五胡十六国の戦乱の最中にあった中国王朝による干渉がなかったこともあり、朝鮮半島に兵力を集中させて領土を拡大し、全盛期を築いた。

ところが五世紀前半、華北が北魏によって統一されると東アジアの情勢は変わった。高句麗は北魏の圧力により朝鮮半島に兵力を集中させることができなくなり、その結果、新羅、百済の勢威が強まり、朝鮮半島は高句麗の一強時代から新羅、百済を含めた三国鼎立時代に突入した。

さらに六世紀末、華北の隋が江南の陳を滅ぼし中国大陸統一を果たすと、高句麗は隋の脅威に晒され、七世紀初頭から三度にわたって隋の侵攻を受けた。朝鮮半島における高句麗の支配力は低下し、その隙をついて新羅は勢力を拡大させた。

当初、新羅は高句麗に対抗するため百済と同盟を結んでいたが、新羅が高句麗の領土を次々と奪取し強大化すると、新羅に脅威を覚えた百済は新羅との同盟を破棄し、敵対していた高句麗と同盟し新羅を挟撃した。その結果、新羅は次々と領土を奪われ、西暦六四九年、真徳王は中国大陸の覇者となった唐の支援を期待し、臣従した。

この当時、孝徳天皇は唐との親交を考えていた。そのことは『旧唐書』にも見える。

「(貞観)二十二年に至り、また新羅に附し表を奉じて、以て起居を通ず」〈『旧唐書』倭国伝〉

西暦六四七年(貞観二十二年)、孝徳天皇は遣唐使ではなく、表(書簡)を唐に送った。西暦六四七年は常色改元の年である。「起居」とは安否のことであり、挨拶状を送った程度に過ぎないが、それ以前に倭国が唐に使者を派遣したのは西暦六三一年であるため、実に十七年ぶりの交流となった。

十七年間、倭国が唐との国交を絶っていたのは、権臣の蘇我氏がそれを望まなかったからである。

その方針は乙巳の変によって転換した。権門の蘇我氏が滅亡すると、即位した孝徳天皇は唐との交流を望んだ。遣唐使ではなく表を送ったのは、国内の群臣が蘇我氏と同じく唐との国交に批判的であったからだと推測する。

このような情勢の中、常色三年（西暦六四九年）、新羅が唐の衣冠を正式に採用した。これは新羅が唐に臣従したことを意味する。

この報告を聞いた百官の反応について、『日本書紀』は次のように記している。

「この歳、新羅は知万沙飡《ちまささん》等に貢調せしめ、唐国の服を着け、筑紫に泊る。朝庭、恣《ほしいまま》に俗を移《うつ》るを悪《にく》み、訶嘖《かしやく》し追ひ還す。時に巨勢大臣はこれを奏請して曰く、まさに今、新羅を伐たざれば、後に必ずやまさに悔《くい》有り。その伐つ状は力を挙ぐべからず。難波津より筑紫の海の裏に至るまで、相接して舳艫《ふね》を浮かべて盈たし、新羅を徴召し、その罪を問えば、易く得べし。」〈『日本書紀』巻二十五、白雉二年条〉

この記事は『日本書紀』は白雉二年（西暦六五一年）として記載されているが、国交を結ぶ隣国の新羅が衣冠を変えたことに二年間も気付かないとは常識的に考えられないため、第三章で述べた「白雉年号の二年のずれ」により、実際は二年繰り上げた西暦六四九年の出来事と考える。

西暦六四九年、左大臣の巨勢徳太は新羅の朝貢使の服装が唐服であったのを見て、新羅が唐に臣従したことを察し、新羅を問責することを孝徳天皇に奏上した。

一方、乙巳の変で唐との協調路線に国策を変えた開別皇子や中臣鎌足は巨勢徳太の意見に反対したが、巨勢徳太を始めとする公卿百官は、新羅が唐に臣従したのは蘇我蝦夷、入鹿時代の方針を変えた孝徳天皇の弱腰な態度にあると考え、親唐派の開別皇子の失脚を画策した。折しも阿倍内麻呂や蘇我倉山田石川麻呂といった後ろ盾を失っていた開別皇子には公卿百官を抑え込めるだけの力がなかった。

公卿百官は蘇我氏の時代に回帰するため、舒明天皇の子である葛城皇子を擁立し、孝徳天皇の許を去った。

しかし公卿百官全員が孝徳天皇の許を去ったわけではない。少なくとも乙巳の変の首謀者の一人、中臣鎌足は孝徳天皇の許に留まった。

「壬子《（五日）》、紫冠を以て中臣鎌足連に授け、若干の戸を増封す。」〈『日本書紀』巻二十五、白雉五年一月五日条〉

中臣鎌足が孝徳天皇の許に留まったのは義理人情だけではない。唐と対峙する反唐派に未来はないと考えていたからである。

それは開別皇子も同じであった。

孝徳天皇の崩御後、開別皇子と中臣鎌足は反唐派に対して反撃の狼煙を上げた。

第五章　倭国分裂

一、二つの冠位制

倭国で冠位制が導入されたのは西暦六〇四年である。『日本書紀』によれば推古天皇の治世下、厩戸皇子と蘇我馬子の指導により十二の階級が制定され、冠の色で階級を表す身分制が施行された。

この冠位十二階は西暦六四七年、約四十年ぶりに孝徳天皇によって改正された。

［この歳、七色十三階の冠を制す。
一に曰く織冠《しょくかん》。大小二階有り。織《おりもの》を以て之を為す。（略）
二に曰く繡冠《しゅうかん》。大小二階有り。繡《ぬいもの》を以てこれを為す。（略）
三に曰く紫冠《しかん》。大小二階有り。紫《むらさき》を以てこれを為す。（略）
四に曰く錦冠《きんかん》。大小二階有り。その大錦冠は大伯仙の錦を以てこれを為す。（略）

五に曰く青冠《しょうかん》。青絹を以てこれを為す。大小二階有り、その大青冠は大伯仙の錦を以て冠の縁を裁《したて》る。（略）
六に曰く黒冠《こくかん》。大小二階有り。その大黒冠は車形の錦を以て、冠の縁を裁《したて》る。（略）
七に曰く建武《けんむ》。初位なり。またの名は立身《りゅうしん》という。黒絹を以てこれを為す。紺を以て冠の縁を裁《したて》る。」
〈『日本書紀』巻二十五、孝徳三年条〉

この制度は冠位十三階と呼ばれ、孝徳天皇の改革の目玉であったものの不評であった。

［夏四月の辛亥朔《（一月）》、古冠を罷《や》む。左右の大臣は猶《なお》も古冠を着《つ》ける。」〈『日本書紀』巻二十五、孝徳四年四月一日条〉

冠位十三階が正式に採用された次の年（西暦六四八年）、左右の大臣は古冠を着用し、あからさまに抵抗した。

この時の大臣は阿倍内麻呂と蘇我倉山田石川麻呂である。

このように左右の大臣が反対の意を表明しているにも関わらず、孝徳天皇は翌年、さらに冠位を六階級増やして十九階にした。

［二月、冠十九階を制す。一に曰く大織《だいしょく》。二に曰く小織《しょうしょく》。三に曰く大繡《だいしゅう》。四に曰く小繡《しょうしゅう》。五に曰く大《だい》

紫《し》。六に曰く小紫《しようし》。七に曰く大花上《だいか》。八に曰く大花下。九に曰く小花上《しようか》。十に曰く小花下。十一に曰く大山上《だいせん》。十二に曰く大山下。十三に曰く小山上《しようせん》。十四に曰く小山下。十五に曰く大乙上《だいおつ》。十六に曰く大乙下。十七に曰く小乙上《しようおつ》。十八に曰く小乙下。十九に曰く立身《りゆうしん》。」〈『日本書紀』巻二十五、孝徳五年二月条〉

孝徳天皇が公卿百官と外交政策で対立していたことは第四章で説明した通りである。乙巳の変により政権の基盤は脆弱であり、政務を滞らせないためには公卿百官の協力が不可欠であった。それにも関わらず一年も経たないうちに不満を煽るように冠位を増やすというのは常軌を逸している。

このような愚策を開別皇子や補佐役の中臣鎌足が犯すとは考え難い。

これは第三章で述べたように、孝徳天皇と豊碕天皇の事績が混在していたために生じたものである。最初の冠位十三階は孝徳天皇の事績であり、『日本書紀』の記述通り、西暦六四七年、孝徳天皇により施行された。この年は常色改元の年である。

一方の冠位十九階は豊碕天皇によって施行された。施行された年は推測になるが、冠位十三階が常色改元の年（西暦六四七年）に行われたことから、改元の年、すなわち白雉改元（西暦六五二年）の年に施行されたものと考える。

公卿百官の支持により即位した豊碕天皇は大臣の抵抗に遭うことなく冠位十九階を施行し、豊碕天皇が白雉九年（西暦六六〇年）に崩御するまで使用された。

二、二度の遣唐使

『日本書紀』には孝徳天皇と斉明天皇の御代に一回ずつ、遣唐使の記事が記載されている。派遣時期は白雉四年（西暦六五三年）と斉明五年（西暦六五九年）である。

一回目の派遣記事（西暦六五三年）は孝徳紀に記載されている。

「二月、大唐に遣わす押使《すべつかい》大錦上高向史玄理（或本には『夏五月、大唐に遣わす押使・大花下高向玄理』と云う）、大使小錦下河辺《かわべ》臣麻呂、副使大山下薬師恵日、判官大乙上書《ふみ》直麻呂、宮首阿弥陀《あみだ》（或本には『判官小山下書直麻呂』と云う）、小乙上岡《おか》君宜《よろし》、置始《おきそめ》連大伯《おおく》、小乙下中臣間人《はしひと》連老《おゆ》（老、これを於喩《おゆ》と云う）、田辺史鳥等、二船に分かれて乗る。留め連ねること数月。新羅道を取りて萊州《らいしゅう》に泊まる。遂《つい》に京に到りて、天子に観《まみ》え奉る」〈『日本書紀』巻二十五、白雉四年二月条〉

そして二回目の派遣記事（西暦六五九年）は斉明紀に記載されている。

「秋七月の丙子の朔戊寅（（三日））、小錦下坂合部《さかいべ》連石布《いわしき》、大仙下津守《つもり》連吉祥《きさ》を遣わして、唐国に使す」

〈『日本書紀』巻二十六、斉明五年七月条〉

ところがこの記事は唐の正史『旧唐書』に記載されていない。

『旧唐書』は倭国の遣唐使の記事を一切記載しなかったわけではない。例えば『日本書紀』に記載されている舒明二年（西暦六三〇年）の犬上三田耜《みたすき》による遣唐記事は『旧唐書』倭国伝にも記載されている。

［秋八月の癸巳の朔丁酉（五日）、大仁《だいにん》犬上君三田耜《みたすき》、大仁薬師恵日《えにち》を以て、大唐に遣わす。］〈『日本書紀』巻二十三、舒明二年八月五日条〉

［貞観五年（西暦六三一年）、使を遣わして方物を献ず］〈『旧唐書』倭国伝〉

［四年（西暦六三二年）秋八月、大唐は高表仁《こうひょうじん》を遣し三田耜を送り、共に対馬に泊る。］〈『日本書紀』巻二十三、舒明四年八月条〉

西暦六三〇年八月、犬上君三田耜と薬師恵日は唐に派遣された。

翌西暦六三一年、唐の皇帝、太宗（李世民《りせいみん》）に謁見し、その翌年（西暦六三二年）八月、対馬に帰還した。

この一連の記録は『日本書紀』『旧唐書』のいずれにおいても整合性が取れている。

ところが『旧唐書』倭国伝にはこの記事以降、遣唐使の記録がなく、次に出現するのは『旧唐書』日本伝であった。

『旧唐書』日本伝に記載されている遣唐使の記事はいずれも八世紀の事績である。

八世紀の日本の歴史を綴った『続日本紀』には計四回の遣唐使の記事が記録されている。

一回目は大宝二年（西暦七〇二年）であり、『旧唐書』にも記載されている。

「長安三年（西暦七〇三年）、その大臣朝臣真人《まひと》、来りて方物を貢す」〈『旧唐書』日本伝〉

二回目は養老元年（西暦七一七年）であり、『旧唐書』にも記載されている。

「開元の初、また使を遣わし来朝す」〈『旧唐書』日本伝〉

唐の開元年号は西暦七一三年から西暦七四一年であり、三回目の遣唐使の記事と被るが、「開元の初」と記載されているため、二回目の遣唐使について記載されたものと考える。

三回目は天平五年（西暦七三三年）だが、『旧唐書』に記録はない。但し三回目の唐への派遣は難破船や漂流が発生し、多くの遣唐使が無事に日本に復命できない状況にあった。

四回目は天平勝宝四年（西暦七五二年）であり、『旧唐書』に記載されている。

「天宝十二年（西暦七五三年）、また使を遣わして貢《みつ》ぐ」〈『旧唐書』日本伝〉

四回の遣唐使の記事の中で『旧唐書』にも記録されなかったのは三回目だけだが、この一回は多くの難破船が発生し、特殊な状況にあった。このことを考慮に入れると、八世紀の日本の遣唐使について『旧唐書』日本伝は概ね採録していると言える。

『日本書紀』及び『続日本紀』に記録された遣唐使の記事は、孝徳天皇から持統天皇までの御代を除けば『旧唐書』の倭国伝、日本伝のいずれかに採録されていた。

このことから『旧唐書』の編纂者は孝徳天皇と斉明天皇の御代に行われた二回の遣唐使の記事を意図的に『旧唐書』に採録しなかったことが分かる。その理由は、二回目の遣唐船に同乗した伊吉博徳の書（日記）に記されている。

「伊吉連博徳書に曰く、同天皇の世、小錦下坂合部《さかいべ》石布《いわしき》連、大山下津守吉祥《きさ》連等の二船は、呉唐の路を使い奉る。（略）
（十月）二十九日馳せて東京に到る。天子、東京に在り。三十日、天子相い見《まみ》えてこれに問ひて訊《き》く。『日本国の天皇は平安か不《いな》や。』使人謹みて答える。『天地合せて徳とし、自ずと平安を得る。』」〈『日本書紀』巻二十六、斉明五年『伊吉連博徳書』〉

「天子」とは唐の皇帝・高宗を指す。伊吉博徳は小錦下・坂合部石布と大山下・津守吉祥とともに遣唐船に乗船し、難波を出港後、筑紫に寄港してから唐に渡航し、西暦六五九年十月に唐の洛陽に入り、高宗と謁見した。

この時、高宗は「日本国の天皇は平安か」と言葉を掛けた。

高宗は倭国ではなく、「日本国」と呼んだのである。

伊吉博徳の書に登場する「日本国」が「倭国」の誤記という可能性は確かにある。『日本書紀』は、八年前に完成した『古事記』では天皇の和諡号を「倭」の字で表記していたのを「日本」に書き改めていることから、「倭」を「日本」に書き改めた可能性は確かにある。

しかし『日本書紀』が引用する『伊吉博徳の書』は「日本」と「倭」の字を使い分けていた。

［十一月一日朝、冬至の会あり。会の日、また観《まみ》える。諸蕃の中で朝する所、倭客が最も勝《すぐ》れる」〈『日本書紀』巻二十六、斉明五年『伊吉連博徳書』〉

この記事は伊吉博徳が蕃国の中で倭客が最も優れていることを綴ったものである。伊吉博徳は自分たちのことを「倭客」と呼んだ。「倭」を「日本」に書き改めているのであれば、「倭客」を「日本客」に書き改めても意味は変わらないため、この部分だけ「倭」を「日本」に書き改めない理由はない。

つまり高宗が口にした「日本国」は「倭国」ではなく「日本国」なのである。従って二回目の遣唐使の記事が挿入されるとすれば『旧唐書』日本伝の方だが、『旧唐書』日本伝は八世紀以降の記事しかない。

その理由は二回目の遣唐使が派遣された時期、倭国が健在であったからである。
そもそも『旧唐書』は倭国と日本国を別伝に仕立てており、この二国について『旧唐書』は「別種」としている。

「日本は倭国の別種なり」〈『旧唐書』日本伝〉

日本国が倭国と別種であるということは、二回目の遣唐使の時期、日本列島には倭国とは別に日本国が存在していたことになる。

また『旧唐書』には倭国伝とは別に日本伝を仕立てた理由を次のように記載する。

「日本は旧小国、倭国の地を併《あわ》せたり」〈『旧唐書』日本伝〉

『旧唐書』の編纂者は倭国とは別に日本の列伝を立てたのは日本国が倭国を併呑したからだと説明している。

中国の歴代の国家には日本列島の代表主権国家以外とは正式な国交を交わさないという不文律がある。これは倭国が健在なうちは日本国を日本列島の代表主権国家としては認めないことを意味する。

これについては有名な話がある。時代は下るが、十五世紀の日本の南北朝時代、中華の統一王朝であった大明帝国は九州に割拠した後醍醐天皇の皇子、懐良《かねなが》親王を日本国王と認め、国交を結んでいた。

やがて懐良親王の勢力は敵対した北朝の攻撃により滅亡するが、時の明の皇帝・永楽帝は懐良親王が滅亡するまで懐良親王を日本国王として遇した。そのため日本の大半を支配していた北朝の足利義満は明との国交を望んだが、懐良親王が存命の間は明と国交を結ぶことができなかった。

懐良親王でさえ、その滅亡まで日本国王として明帝国に認められていた。七世紀半ば、倭国が健在なのに別種の日本国が唐に代表主権国家として認められるわけがない。

これが二回目の遣唐使の記録が『旧唐書』になかった理由である。

残る問題は一回目の遣唐使の記事が『旧唐書』にない点である。孝徳天皇は倭国の天皇であり、しかも唐との国交を望んでいた。それは即位早々に新羅経由で唐に書簡を送ったことからも分かる。

その孝徳天皇が派遣した遣唐使が『旧唐書』に記載されていないのは二回目と同じく、この遣唐使も日本国が派遣したものだからである。

このことは一回目の遣唐使の冠位により証明することができる。

一回目の遣唐使は大使・大使小錦下河辺《かわべ》麻呂と副使・大山下薬師恵日《えにち》であり、いずれも冠位十九階の冠位である。冠位十九階は前項でも述べたように孝徳天皇ではなく、豊碕天皇の事績である。

二回目の遣唐使は小錦下・坂合部石布《いわしき》と大山下・津守吉祥《きさ》である。こちらも冠位十九階の冠位である。

二度の遣唐使はいずれも豊碕天皇の御代に派遣されたものである。唐との国交を望んでいなかった百官に擁立された豊碕天皇がその意向を無視して遣唐使を派遣するとは考えられない。

つまり二度の遣唐使はいずれも日本国が派遣したものである。

この時期、日本国は確かに存在した。

公卿百官が孝徳天皇の許から離反した後、残った開別皇子は中臣鎌足とともに親唐派の廷臣を集めて日本国を建国した。

二度の遣唐使は新興国の日本国が唐に建国の報告をし、唐との同盟を目的に派遣されたものである。

一回目の遣唐使は西暦六五三年に行われた。この年は実際の白雉改元（西暦六五二年）の翌年に当たる。

このことから日本国は豊碕天皇の即位と同時期に建国され、その翌年、建国の報告をするため一回目の遣唐使が唐に派遣されたと考える。

三、倭国分裂

白雉元年（西暦六五二年）、日本列島は倭国と日本国に分裂した。この分裂の背景には反唐派と親唐派の抗争があった。

すべては東アジア情勢を一変させた唐の出現による。それは五胡十六国時代、そして南北朝時代と三百年続いた内乱から解放され、統一中華という巨大な勢力が巻き起こした台風に否が応でも巻き込まれていくようなものであった。

この旋風に抗うか、手を組むか、それとも従うのか。

開別皇子と中臣鎌足は唐と倭国の国力を比較し、倭国を存続させる唯一の道として唐と手を組む道を模索した。

乙巳の変後、国策を転換し、唐との国交再開の糸口を掴むべく表を送った。『日本書紀』には記載がないが、遣唐使派遣の準備にも入っていたと推測する。ところがこの実現を前にして反唐派の公卿百官が立ちはだかった。反唐派の公卿百官は開別皇子の弟・葛城皇子を擁立し、クーデターを実行し、政権を簒奪した。

この横暴に開別皇子は激怒した。開別皇子は権門の蘇我蝦夷、入鹿父子を粛清した英傑である。異父弟・葛城皇子のクーデターを見過ごすことはその矜持が許さなかった。

そしてこの皇子に中臣鎌足はまたもや力を貸した。中臣鎌足は唐との対峙を続けていけば日本列島は戦火に巻き込まれることを危惧していた。そのためには国家を二分してでも国体を残さなければならないという悲壮な覚悟の許での決断がそこにはあった。

このように反唐派の行動を悲観的に見ていた開別皇子と中臣鎌足であったが、反唐派の公卿百官にも言い分はあった。倭国は倭王・済（第十九代・允恭天皇）以来、二百年以上も新羅の盟主という立場を固持してきた。

五世紀の南朝・宋の時代を叙述した『宋書』によれば、新羅が倭国の傘下に入ったのは宋の文帝の治世二十八年目（西暦四五一年）のことである。

［使持節《しじせつ》を加え、都督倭、新羅、任那、加羅、秦韓、慕韓の六国諸軍事とす。安東将軍は故《もと》の如し。］
〈『宋書』倭国伝〉

使持節とは宋の皇帝に代わって倭王が倭国本土を始め、新羅、任那、加羅、秦韓、慕韓において軍権を振るうことができる許可証のようなものであり、このことは西暦四五一年に新羅が倭国の傘下に入ったことを意味する。

西暦四七八年、倭王・武（第二十一代・雄略天皇）は宋の順帝から新羅を含む六カ国の諸軍事、安東大将軍、倭王に任命された。

［詔《みことのり》して武を使持節《しじせつ》都督倭、新羅、任那、加羅、秦韓、慕韓六国諸軍事、安東大将軍、倭王に除す］
〈『宋書』倭国伝〉

五世紀の倭国は中国の皇帝から新羅を含む六カ国の盟主の地位を公的に認可されていたのである。ところが六世紀に入り筑紫国造磐井の乱が発生し、新羅がその間隙を縫って勢力を拡大させると情勢は一変した。倭国は勢力を拡大させる新羅に対抗するため、朝鮮半島の加羅諸国を百済の指揮下に組み入れたが、新羅との戦争で百済・聖明王が戦死すると加羅諸国は新羅によって滅亡させられ、倭国は朝鮮半島からの撤退を余儀なくされた。

欽明天皇は自分の在位中にこの不名誉な事態を招いたことを悔やみ、皇太子（渟中倉太珠敷《ぬなくらのふとたましき》皇子。

後の敏達天皇）に次のように遺詔した。

［天皇は寝疾《しんしつ》し不予なり。皇太子は外に向いて不在なり。駅馬をして召して到り、臥内《ふしど》に引き入れて、その手を執《と》り詔して曰く、『朕の疾《やまい》、甚《はなは》だし。以後の事は汝に属す。汝は新羅を打ち、任那を封建すべし。更に夫婦と造《な》り、惟《た》だ旧《ふる》き日の如く造《な》れれば、死して之を恨むこと無し。』］〈『日本書紀』巻十九、欽明三十二年夏四月条〉

新羅を服属させて任那を再興するその遺詔は公卿百官にとって果たさなければならない義務であった。唐がどれだけ強大であっても新羅の離反を見過ごすことはできなかったのである。

反唐派と親唐派の抗争は国の威信と存続を賭けた戦いであった。反唐派は国の威信のため孝徳天皇の許を離反し、豊碕天皇を擁立した。一方、親唐派は国家存続のため日本国を建国した。この時、開別皇子と中臣鎌足は豊碕天皇とは別の天皇を擁立した。

皇太子の開別皇子が登極しなかった理由は、公卿百官の離反を食い止められなかった開別皇子の名では、人心を収攬することはできないと考えたからである。

開別皇子と中臣鎌足が擁立したのは開別皇子の母・宝皇女である。舒明天皇の后であり、開別皇子と葛城皇子の母・宝皇女であれば、倭国との無用な軋轢を回避することができると睨んでの措置である。

こうして宝皇女（斉明天皇）は登極し、倭国は倭国本家と日本国に分裂した。これが大規模な内乱に至らなかったのは、倭国には他国に例を見ない「兄弟統治」という制度があったからである。

　この兄弟統治について『隋書』は次のように記す。


［倭王は天を以て兄となし、日を以て弟となす。天未だ明けざる時、出でて政を聴き跏趺坐《かふざ》し、日出ずれば便《すなわ》ち理務を停め、曰く我が弟に委ねんと。高祖曰く、これ大いに義理なし。ここに於《おい》て訓《おし》えてこれを改めしむ。」〈『隋書』俀国伝〉

　倭王は天を兄となし、日を弟とし、弟が不在であれば兄が政務を取るが、弟がいれば兄は弟に政務を委任するという統治制度である。これによると兄王は傀儡の君主である。隋の高祖はこの統治制度について「大いに義理なし」と言って改めさせた。義理は「道理」と同義である。

　中国には「国に二君なし」〈『礼記』喪服四制〉という言葉がある。一国に二人の君主は存在してはいけないという意味である。倭国の兄弟統治はこの道理に反していた。だから隋の高祖は「道理に合わない」として改めさせたのである。

　このように廃止された兄弟統治を開別皇子は復活させた。倭国の因習とはいえ、兄弟統治自体、倭国では馴染みの政体である。開別皇子は傀儡の「兄王家」を継ぐ建前で日本国を建国した。倭国の冠位十九階を採用していることから、日本国は倭国の属国という立場を採っていた。

　しかし日本国と倭国の確執は根が深く、水面下では倭国の天皇と皇太子を狙った陰謀が進行していた。

四、有間皇子の変

白雉七年（西暦六五八年）、孝徳天皇の遺児、有間皇子が謀反を企てた。その様子を『日本書紀』は次のように記す。

『十一月の庚辰の朔壬午（三日）、留守官蘇我赤兄臣は有間皇子に語りて曰く、『天皇の治むる所、政事に三失あり。大いに倉庫を起こし民財を積み聚《あつ》める。一なり。長く渠水を穿《ほ》り公粮を損《そこな》い費やす。二なり。舟に石を載《の》せて運び積《つ》み丘と為す。三なり。』

有間皇子は乃《すなわ》ち赤兄の己を善することを知り欣然《きんぜん》としてこれに答えて報じて曰く、『吾、年の始めに兵を用いるべき時かな。』

甲申（五日）、有間皇子赤兄の家に向い、樓に登り謀《はか》る。膝を夾《はさ》んで自ら断つ。是《ここ》に於《おい》て、相《しるし》の不祥なることを知り、倶《とも》に盟《ちか》い止る。皇子、帰り宿す。

この夜半、赤兄は物部朴井《えい》連鮪《しび》を遣わし宮造る丁《おぼろ》を率い、有間皇子を市経《いちぶ》の家に囲む。便《すなは》ち駅使を遣わし、天皇の所に奏す。

戊子（九日）、有間皇子と守君大石、坂合部連薬、塩屋連鯯魚《このしろ》を捉え、紀温湯に送る。舎人の新田部米麻呂《にいたべこめまろ》が従う。ここに於《お い》て、皇太子親《みずか》ら有間皇子に問いて曰く、『何故謀反すと。』答えて曰く、『天と赤兄が知る。吾全く解《わか》らず。』」〈『日本書紀』巻二十六、斉明四年十一月三日、五日、九日条〉

この記事に登場する天皇と皇太子を『日本書紀』は斉明天皇と開別皇子とする立場で記述している。天皇と皇太子が紀伊の温泉に行幸し、京を留守にしている隙を狙い、有間皇子は謀反を企てた。この謀反を指嗾したのは蘇我赤兄であり、有間皇子が味方に誘ったのは守大石、坂合部薬、塩屋鯯魚である。この時、蘇我赤兄が裏切り、有間皇子、守君大石、坂合部薬、塩屋鯯魚の四名は捕縛され、有間皇子と塩屋鯯魚は死罪、守君大石、坂合部連薬は配流に処された。

この中で守君大石は間もなく赦免され、百済戦役に参加する。また坂合部薬は天智天皇に仕え、壬申の乱では近江朝廷の一軍の将として戦い、戦死する。

有間皇子の謀反で疑問なのは、皇太子（開別皇子）が自分の命を付け狙った守大石、坂合部薬を赦免したばかりか、登用したことである。赦免だけならばまだ理解できる。しかし登用となれば話は違う。特に蘇我山田倉麻呂の事件では舅であるにも関わらず自害に追い込むほど、開別皇子は猜疑心が強い性格である。それが謀殺を計画するような不満分子を身近に置くとは考えられない。

その他には有間皇子が謀反を断念した時、蘇我赤兄は陰謀の露見を恐れて有間皇子を皇太子に売った点にも疑問が残る。手際が良すぎるのである。有間皇子が謀反を断念した時点で誰も口を割らなければ謀反は露見しなかった。それを蘇我赤兄は即日、皇太子に密告し、捕縛させた。

この手際の良さから、蘇我赤兄は有間皇子の粛清するために動いていたと考える。

その場合、不可解なのは、有間皇子を処刑する前に皇太子が「どうして謀反を起こしたのか」と聞いたことである。

蘇我赤兄は後に近江朝廷で重用され、左大臣を拝命する人物である。蘇我赤兄が有間皇子に謀反を使嗾したのは開別皇子のためであることは想像に難くない。それならば皇太子（開別皇子）はその理由を訊くべきではなく、謀反の罪状を告げるだけでよい。それを白々しく有間皇子に謀反の理由を訊いたことが不可解なのである。

蘇我山田倉麻呂の冤罪事件の際、孝徳天皇は弁明の機会を与えなかった。謀反を使嗾する側として、被疑者に余計なことを言われたら身も蓋もないからである。

このように考えると、皇太子は本当に謀反を知らなかったと思わざるをえない。

有間皇子が皇太子の前に突き出された後、謀反の理由を聞かれ、

「天と赤兄が知る。私は知らない」

と答えた。確かに蘇我赤兄は有間皇子の謀反を指嗾した人物である。だが天という表現に疑問が残る。「天」という抽象的な存在と蘇我赤兄を同列に語ることは、蘇我赤兄が天と同じぐらい崇高な存在ということになる。それは一家来に対する表現としては分を超えている。これは抽象的な対象である「天」と蘇我赤兄を同列に語ったものではなく、「天」は人を指すと考えるのが自然である。

そこで考えられるのは、「天を以て兄とし、日を以て弟となす」と『隋書』に記される「天」、即ち天兄王家を指すと考える。

この事件は蘇我赤兄が天兄王家の開別皇子の指示で有間皇子を指嗾し、豊碕天皇と葛城皇子の命を狙った陰謀である。

この陰謀は失敗し、有間皇子は捕縛された。葛城皇子の面前に引き立てられた有間皇子は無実を訴えたが、葛城皇子はその言葉に耳を傾けなかった。

たとえ無実であっても、皇位継承権を持つ有間皇子の存在は葛城皇子にとっても邪魔者以外の何者でもなかったからである。

五、百済滅亡前夜

西暦六五九年八月十一日、坂合部石布《いわしき》と津守吉祥《きさ》が二艘の遣唐船に乗船し、倭国の難波より出港した。

この遣唐船は筑紫に寄港後、二手に分かれて唐に向かった。坂合部石布の遣唐船は朝鮮半島から黄海を経由して唐に入港する航路を取り、津守吉祥の遣唐船は東シナ海を東に渡海する航路を取った。

しかし坂合部石布の遣唐船は遭難し、南の海の島に漂着後、現地人に襲撃され、五名が生き残った。

五名は島人の船を盗んで逃亡し、唐に向かった。

津守吉祥の一行の遣唐船は無事に東シナ海を渡海し、五日後の八月十六日には越州の会稽県の須岸山に到着した。その後、海岸沿いに西進し、二十二日には余姚県に入り、そこで下船し、陸路、長安を目指した。

長安到着は潤十月十五日である。ここで唐の高宗と謁見する予定であったが、高宗は洛陽にいたため、引き返して潤十月二十九日に洛陽に入り、翌三十日、高宗に謁見した。

この遣唐船には韓智興《かんちこう》が同船しており、謁見から一ヶ月後、遠流に処された。この時、韓智興の供人、西漢《かわちのあや》大麻呂が津守一行を讒言し、そのことを伊吉博徳は次のように記している。

「十二月三日、韓智興の傔人《けんじん》西漢《かわちのあや》大麻呂が枉《ま》げて我が客を讒す。客らは罪を獲て、唐朝はすでに流罪を決す。前に智興を三千里の外に流す。客中に伊吉連博徳あり。奏し、因りて即ち罪を免れる。」〈『日本書紀』巻二十六、斉明五年条『伊吉連博徳書』〉

伊吉博徳の書では、津守吉祥の一行は韓智興と別の立場であるかのように「我が客」と表現しており、韓智興一行とは立場を異にすることを強調している。津守吉祥を始めとする一行は日本国の使者であることから、韓智興の一行は倭国の廷臣である。

津守吉祥の一行は百済戦役終了後の西暦六六〇年には解放されたが、韓智興は乙丑の年（西暦六六五年）まで帰国を許されなかった。

「定恵は乙丑《（西暦六六五年）》の年を以て劉徳高《りゅうとくこう》等の船に付して帰る。妙位《みょうい》、法勝《ほうしょう》、学生の氷連《ひのむらじ》老人、高黄金《こうおうこん》、幷て

十二人、別の倭種の韓智興、趙元宝《ちょうげんぽう》は今年、使人と共に帰る。」〈『日本書紀』巻二十五、白雉五年二月条、割注〉

『旧唐書』倭国伝に韓智興のことが記載されていないのは、韓智興が倭国の正式な使者ではないからである。倭種、即ち混血種という血筋が正式な代表ではないことを物語っている。

韓智興の役割は日本国の遣唐使一行の監視であると考える。

唐は倭国を敵視していたため、韓智興を遠流に処し、百済征討後も唐国内に拘留した。しかし日本国は唐と敵対していない。それにも関わらず唐が日本国の津守吉祥の一行を長安と洛陽に幽閉したのは、この時期、唐が計画していた百済征討の作戦内容を秘匿するためである。

「(顕慶四年（西暦六五九年）十一月) 癸亥（二十日）、邢国《けいこく》公蘇定方《そていほう》を以て神丘道《しんきゅうどう》総管と為し、劉伯英《りゅうはくえい》は昆夷道総管と為す。」〈『旧唐書』巻四、高宗上〉

蘇定方は唐の名将である。かつて唐に敵対していた竇建徳《とうけんとく》の将、高雅賢《こうがけん》に仕えていたが、高雅賢が滅ぶと唐に仕え、李靖《りせい》の許で突厥討伐に従事し、その後、二度の突厥遠征で大功を立てた。

その蘇定方を百済討伐の総管に任命した。劉伯英について詳細な事績は伝わらないが、『冊劉伯英左監門衛大将軍文』によれば忠賢が取り柄の人物だったようである。

この両者の能力を比較すると、百済遠征の実質的な総帥は蘇定方であった。

蘇定方は突厥遠征において寡兵で突厥の大軍を撃破する戦功を数多く立てた。蘇定方が得意とする戦法は敵に寡兵であることを見せつけて油断を誘った後、別働隊に奇襲させるものである。

蘇定方は突厥遠征の成功例をもとに百済征討の作戦を立案した。海戦が得意な百済軍に対して、敢えて海戦を挑むことで百済軍の油断を誘い、その背後を新羅に急襲させるのである。もともとこの遠征は新羅の武烈王の要請に基づく。武烈王は北の高句麗と西の百済から挟撃されて苦境に陥っており、今回の唐の遠征に国家の命運を賭けていた。蘇定方の要請に対して新羅は決して協力を惜しまないはずである。

唐による百済征討は間近に迫っていた。百済が攻撃されれば同盟国の倭国は援軍を派遣せざるを得ない。

それは唐との全面戦争を意味していた。

親唐派が危惧した事態が倭国分裂から十年も経たないうちに現実のものとなったのである。

ここまでの流れを整理する。

白雉元年（西暦六五二年）　豊碕天皇即位。
　冠位十九階制定。
　日本国建国。斉明天皇即位。
白雉二年（西暦六五三年）　日本国、第一回目の遣唐使を唐国に派遣。

白雉七年（西暦六五八年）　有間皇子謀反。

白雉八年（西暦六五九年）　日本国、第二回目の遣唐使を唐国に派遣。
日本国の遣唐使、唐国で幽閉される。

白雉九年（西暦六六〇年）　唐国、百済国を滅ぼす。

第六章　百済再興戦

一、百済滅亡

西暦六六〇年五月、蘇定方は莱州市（山東省煙台市）より海路、十三万の大軍を率いて徳物島に入った。徳物島《とくぶつ》は大韓民国仁川広域市に属する群島であり、仁川の河口は目と鼻の先にあった。同じ頃、新羅の武烈王は王都を出陣し、今後の段取りについて調整するため王太子の金法敏《きんほうびん》を軍船百艘で徳物島にいる蘇定方の許に向かわせた。

〔夏五月二十六日、王は庾信《ゆしん》、真珠《しんじゅ》、天存《てんそん》等と兵を領《す》べて出京す。（略）（六月）二十一日、王は太子法敏を遣わし、兵船一百艘を領《す》べて、定方を徳物島に迎える。定方は法敏に謂《かた》りて曰く、『吾、七月十日を以て百済に至り、南は大王と兵を会して、義慈の都城を屠《ほふ》り破らんと欲す。』

法敏曰く、『大王は立ちて大軍を待たせし。大将軍の来るを聞くが如し。必ずや蓐食《じょくしょく》をもちて至らん。』

定方、喜ぶ」〈『三国史記』新羅本紀、武烈王〉

蘇定方と金法敏は七月十日を期日と定め、それぞれ百済の王都（泗沘）に向けて進軍を開始した。その頃、百済では蘇定方が王都に近い徳物島に布陣しているにも関わらず、決戦か籠城かを決めかねていた。

『三国史記』百済本紀によれば、主戦派の一人、佐平（官位第一位）の義直は次のように決戦を主張した。

［唐兵は遠く溟海《めいかい》を渉《わた》る。水に習《な》れざる者は船に在りて必ずや困《くる》しむ。まさにその陸に下りたる初めは、士気未だ平らかならず。急ぎこれを撃てば以て志を得られるべし。」〈『三国史記』百済本紀、義慈王〉

義直が水戦に不慣れな唐軍を急襲する作戦を提案すると、達率の常永は防衛線を敷いて敵の疲弊を待つ作戦を提唱した。

［唐兵は遠く来たれり。意欲は速戦にあり。その鋒、当たるべからず。羅人は前に屢《しばしば》見えて我が軍に敗れたり。今、我が兵勢を望めば恐れざるを得ず。今日の計は宜しく唐人の路を塞ぎ、以てその師を老するを待つべし。」〈『三国史記』百済本紀、義慈王〉

これは高句麗が隋の煬帝による遠征軍に対して迎撃作戦を採ったのと同じく、唐軍を領内奥深くに侵入させて補給難の状態に陥らせて、唐軍が疲弊したところを一気に壊滅させるという作戦であった。

唐軍は既に黄海を越えて百済に侵入していた。つまり東の新羅の侵攻を食い止めることができれば唐軍は補給が続かない。唐の蘇定方は新羅の兵糧の供出を喜んだというが、それは補給の問題を抱えていたからである。

新羅の西進を食い止めることは難しくなかった。百済領内には炭峴という難所があり、ここで新羅軍を食い止め、唐軍に包囲されても凌ぐことができれば十分に勝機はあった。

ところが百済の義慈王は何も決断を下さず、一ヶ月を無為に過ごした。そのため唐と新羅は何も抵抗を受けることなく百済の王都付近まで兵を進めた。

義慈王が漸く新羅軍に対して迎撃を開始した時には既に遅かった。炭峴の難所は突破されており、百済軍は不利な土地で迎撃する羽目となった。

百済軍は連戦連敗し、七月十二日、百済の王都は唐と新羅の連合軍に包囲された。義慈王は謝罪を申し入れたが、蘇定方に拒否された。

翌七月十三日、義慈王は王都を密かに脱出した。そのため王都は混乱し、王太子の隆は開城し、降伏した。

王都陥落の報を聞いた義慈王は五日後の七月十八日、蘇定方の軍陣に出頭し、降伏した。新羅人に憎悪されていた義慈王は数々の恥辱を受けた後、蘇定方とともに唐本国に連行された。

こうして百済は僅か一ヶ月で滅亡したのだが、その原因は義慈王の怯懦にあった。義慈王は『三国史記』によれば「雄勇にして胆決あり」と評された人物である。西暦六四一年に先代の武王の崩御を受けて、第三十代百済王として即位し、治世三年目(西暦六四三年)、義慈王は高句麗と同盟し、新羅への攻撃を開始した。

翌西暦六四四年から唐による高句麗遠征が開始されると、百済は毎年のように新羅に出兵し、戦闘を繰り返した。

治世十二年目(西暦六五三年)、百済は倭国と友好を通じ、新羅に対してさらなる攻勢を強めた。倭国は親唐派の孝徳天皇が崩御し、反唐派の百官に擁立された豊碕天皇が即位した。

倭国と修好を結んだ義慈王は新羅に対する包囲網を強め、治世十五年目(西暦六五五年)、百済は高句麗、韃靼《だったん》とともに新羅に侵攻し三十余城を奪い、敗亡の危機に陥った新羅は唐に救援要請した。

勝利を確信した義慈王はこの頃から酒と女に溺れるようになった。敵対していた新羅は弱体化し、隣接国の高句麗、倭国とは同盟関係にあり、国境を脅かす存在はいない。ここまではすべて義慈王の功績であった。

義慈王は傲慢になり、横暴な振る舞いが目立つようになった。家臣の諫言に耳を貸さなくなり、佐平の成忠《せいちゅう》を始めとする重臣が投獄された。

治世二十年目(西暦六六〇年)、唐と新羅が百済に侵攻してくると、義慈王は防衛体制を整えるでもなく、無為無策のまま過ごした。外交を駆使し、常に安全な立場を確保した上で戦争に臨んだ義慈王にしてみれば、滅亡と背中合わせの戦争は初めての経験であった。

群臣の多くは主戦か防戦を唱えたが、義慈王はそのどちらも選択しなかった。態度を保留したのである。

それまでの義慈王は危地から遠い場所で戦っていた。しかしいざ危地に身を置くことになると、戦う、守る、降る、そのいずれも決断しなかった。それまで隠れていた臆病な一面が肝心な場面で顔を覗かせたのである。

この怯懦が唯一の勝機であった地の利を捨てることになり、百済は大した抵抗もできず滅亡した。戦う機会を与えられなかった百済遺臣は戦争の継続を願い、先代・武王の甥の鬼室《きしつ》福信はその声に導かれるように、僧の道琛とともに百済再興を掲げて挙兵した。

二、遣唐使の帰国

西暦六五九年、唐国で幽閉されていた日本国の遣唐使は百済滅亡後の西暦六六〇年九月、解放された。

「庚申の年（西暦六六〇年）の八月に、百済已《すで》に平げし後、九月十二日に、客を本国に放つ。」〈『日本書紀』巻二十六、斉明六年『伊吉連博徳書』〉

日本国の遣唐使一行は唐軍による百済遠征の成功によりは解放されたが、倭国の韓智興は赦免されなかった。

その頃、百済では蘇定方による戦後処理が行われていた。

「顕慶五年《（西暦六六〇年）》八月の庚辰《（十三日）》、蘇定方等は百済を討ち平らげ、その王、扶余義慈を面縛す。国を分かち五部と為す。郡三十七、城二百、戸七十六万なり。その地を以て分かち、熊津等五都督府を置く。」〈『旧唐書』巻四・高宗上、顕慶五年八月条〉

蘇定方は百済の旧王都に都督府を設置し百済の戦後処理に当たっていたが、後任の劉仁願が到着すると劉仁願に戦後処理を引継ぎし、西暦六六〇年十一月、義慈王や他の捕虜を連行し唐の洛陽に凱旋した。

「十一月の戊戌の朔《（一日）》、邢国公蘇定方は百済王扶余義慈、太子隆等、五十八人の俘《とりこ》を則天門に於て献ず。責めれどもこれを宥《ゆる》す。」〈『旧唐書』巻四・高宗上、顕慶五年十一月一日条〉

この凱旋式の様子は『伊吉連博徳書』の斉明六年（西暦六六〇年）十一月一日の記事にも記されている。

［十一月一日、将軍蘇定方等が為に捉えられし百済の王より以下、太子隆等、諸《もろもろ》の王子十三人、大佐平沙宅《しゃたく》千福、国弁成《こくべんせい》以下三十七人、幷《あわせ》て五十許《ばかり》の人、朝堂に奉進《たてまつ》る。］〈『日本書紀』巻二十六、斉明六年七月条『伊吉連博徳書』〉

蘇定方の凱旋式を観覧した津守吉祥《きさ》等の遣唐使一行は帰国の途につき、西暦六六一年一月、東シナ海に面した越州に到着した。

［辛酉《西暦六六一年》の年の正月二十五日に還りて越州に到る。四月一日に、越州より上路して、東に帰る。七日に、檉岸山に明《みなみ》に行到《いた》る。八日の鶏鳴之時を以て、西南の風に順いて、船を大海に放つ。海中に途を迷い、漂蕩《ただよ》い辛苦《たしな》む。九日八夜ありて、僅かに耽羅嶋に到る。］〈『日本書紀』巻二十六、斉明七年五月条『伊吉連博徳書』〉

遣唐使一行は越州で船の手配に三ヶ月を要し、四月に唐を出航した。しかし漂流し、四月下旬に耽羅嶋（済州島）に着港した。

耽羅島は独立国であり、島の名を採って耽羅国と呼ばれていた。遣唐使達は耽羅国の王子九人を倭国に連れ帰り、五月二十三日に筑紫に帰還した。

「五月二十三日に、朝倉の朝に奉進《たてまつ》る。耽羅の入朝、この時に始れり。又、智興の傔人《けんじん》、東漢草直足嶋《やまとのあやのかやたりしま》の為に譏されて、使人等寵命を蒙らず。」〈『日本書紀』巻二十六、斉明七年五月条『伊吉連博徳書』〉

朝倉朝とは九州の朝倉の行在所であり、『日本書紀』によれば斉明天皇は斉明七年（西暦六六一年）、百済再興戦を指揮するため筑紫に行幸していた。

「七年の春正月の丁酉の朔壬寅（二十五日）に、御船西に征《ゆ》きて、始めて海路に就く。（略）三月の丙申の朔庚申（二十五日）に、御船、還《かえ》りて娜大津《なのおおつ》に至る。磐瀬《いわせ》行宮に居《おわ》す。（略）五月の乙未の朔癸卯（九日）に、天皇、朝倉橘広庭宮《あさくらのたちばなのひろにわ》に遷りて居《おわ》す。」〈『日本書紀』巻二十六、斉明七年条〉

斉明天皇が朝倉橘広庭宮に遷座したのは西暦六六一年五月九日であり、遣唐使一行が帰国したのは二週間後の五月二十三日である。

遣唐使一行は難波から出航し、筑紫に帰港したが、その理由は主君である斉明天皇が筑紫に行幸していたからであり、この点についても整合性は取れている。

『伊吉連博徳書』が記載する遣唐使一行の行動について、百済滅亡（西暦六六〇年五月）から帰国（西暦六六一年五月）までの一年間の記録は時間、内容のいずれも整合性が取れている。

それにも関わらず、倭国が朝鮮半島からの撤退を余儀なくされた白村江の戦いが『日本書紀』と『旧唐書』とで一年ずれている。

『日本書紀』は白村江の戦いを西暦六六三年の出来事としているが、『旧唐書』は西暦六六二年（唐の竜朔二年）の出来事としている。

さらに驚くべきことに『三国史記』の中でも分かれており、百済本紀が白村江の戦いを西暦六六二年としているのに対して、新羅本紀は西暦六六三年としていた。

このように白村江の戦いを西暦六六二年とする『旧唐書』『三国史記』百済本紀と、西暦六六三年とする『日本書紀』『三国史記』の二系統の歴史書がある。次項でこのどちらが真実であり、そして一年ずれた原因を考察する。

三、百済再興戦の一年のずれ

百済滅亡後、百済遺臣は祖国再興を掲げて挙兵し、また倭国から先代義慈王の子、豊璋を百済王に迎え入れようとしていた。

［冬十月、百済佐平鬼室福信、佐平貴智等を遣わし、来《き》て唐の俘《とりこ》一百余人を献ず。又、師を乞い、救を請う。幷《あわせ》て王子余豊璋を乞う。］〈『日本書紀』巻二十六、斉明六年十月条〉

斉明六年（西暦六六〇年）十月は百済滅亡の三ヶ月後のことである。百済遺臣は倭国に人質となっていた豊璋王子を百済王に擁立することで祖国再興の旗印にしようとしていた。

ところが『日本書紀』によれば、倭国が百済の豊璋王子の身柄を百済に返すと決断したのは一年以上も先であった。

［九月、皇太子、長津宮に御《おわしま》す。織冠《しょくかん》を以て、百済の王子豊璋に授く］〈『日本書紀』巻二十七、天智天皇即位前、斉明七年九月条〉

斉明七年（西暦六六一年）九月、皇太子は百済の豊璋王子に織冠を授けた。斉明天皇の崩御から二ヶ月が経過していた。

倭国が豊璋王子を百済に送り出したのはさらに半年後の天智元年（西暦六六二年）五月である。

［五月、将軍大錦中阿曇比邏夫《あずみひらふ》連等、船師一百七十艘を率い、豊璋等を百済国に送り、宣勅《みことのり》して、豊璋等を以てその位を継がしむ。］〈『日本書紀』巻二十七、天智元年五月条〉

そもそも百済は烏合の衆をまとめ上げるのに今すぐにでも武装蜂起の旗印として豊璋王子を擁立したがっていた。しかし倭国は斉明天皇の在位中はその要請に応じず、斉明天皇が崩御し、皇太子が称制を敷くようになり初めて豊璋王子に倭国の冠位を授け、百済に送り出した。この時点で百済滅亡から二年が経過している。

倭国の対応がこれほど遅いと百済は別の人物の擁立を考えてもよさそうだが、百済はそうしなかった。

その理由について『旧唐書』は次のように記している。

「（顕慶五年《（西暦六六〇年）》）百済は僧の道琛《どうちん》、旧将の福信が衆を率いしが為に、復《ま》た叛く。故に王子扶余豊を立てて王と為し、兵を引いて仁願《じんがん》を府城に囲む。」〈『旧唐書』劉仁軌伝〉

『旧唐書』によれば、西暦六六〇年、王子扶余豊（豊璋王子）を擁立し、蘇定方の後任の劉仁願がいる熊津の都督府城を包囲したとある。蘇定方が帰国した西暦六六〇年十月以降の出来事である。

このことは福信が倭国に豊璋王子の返還を要請した後、倭国はすぐに豊璋王子を百済に送り込んだことを意味する。豊璋王子の擁立に成功した以上、別の王子を擁立する必要性はない。

つまり『日本書紀』は豊璋王子をすぐに返還したにも関わらず、意図的に一年以上先送りしたかのように記事を細工したのである。

そもそも豊璋王子の返還を一年以上先送りすること自体、無理がある。斉明天皇は百済滅亡の半年後には筑紫に出陣しており、参戦の意思を示していた。百済再興戦に参戦する意思がありながら、百済残党軍を鼓舞する豊璋王子を百済に返さないというのは筋が通らない。

ここで問題なのは、『日本書紀』の「九月、皇太子、長津宮に御《おわしま》す。織冠を以て、百済の王子豊璋に授く」の記事である。

この記事は『日本書紀』では西暦六六一年九月とされているが、百済の福信の挙兵後、まもなくのことと考えれば一年遡上させて考慮する必要がある。

そこでこの記事を分析する。


この記事の主語は「皇太子」である。しかしこの記事を一年遡上させて斉明天皇六年（西暦六六〇年）九月とした場合、主語は「天皇」でなければならない。何故ならば皇太子が斉明天皇を差し置いて豊璋王子に織冠を授けることはあり得ないからである。その場合、『日本書紀』の編纂者は二重の改竄を行ったことになる。一つは主語を「天皇」から「皇太子」に変えたこと、もう一つは実際の年月を一年ずらしたことである。


しかしよく考えればこの記事は実際の年月を一年繰り下げる必要などないのである。史実通り、斉明六年に挿入すればよかったものを、年月を一年ずらしたのは「主語」を変えたくなかったからである。その理由は原文を原型のまま留めたかったからに他ならない。第二章でも述べたが、『日本書紀』の編纂者はこの手の改竄に対してかなりの葛藤を抱いていたと思われる。

例えば白雉年号の記事である。矛盾が露呈しないように改竄するのであれば原文の流用などせず、辻褄が合うように文章を創作すればよい。しかしそうはせず、敢えて常色年間の記事を白雉に転用し、矛盾をそのまま放置した。これは後世の研究者に真実を伝えるため、原文を原型のまま極力残す方針を採ったからではないかと推測する。

この記事にもそうした意図が働いたのではないかと考える。

この記事の主語は「天皇」ではない。原文通り「皇太子」なのである。この皇太子は西暦六六〇年、斉明天皇を差し置いてでも百済の豊璋王子に織冠を授ける必要があったのである。

この記事の天皇と皇太子を「斉明天皇」と「開別皇子」とすると筋が通らなくなるが、二中歴年号によれば西暦六六〇年は白雉九年、即ち白雉年号の最後の年に当たる。

この年に豊碕天皇は崩御した。そのためこの記事の「皇太子」が豊碕天皇に代わって豊璋王子に織冠を授けたのである。

この記事を一年繰り下げた理由は、豊碕天皇が崩御した西暦六六〇年以降の葛城皇子の事績を、斉明天皇が崩御した西暦六六一年以降の開別皇子の事績として転換するためである。そのため百済再興戦の記事は『日本書紀』と『旧唐書』や『三国史記』百済本紀との間で一年ずれてしまったのである。

ところで『三国史記』新羅本紀の記事が『旧唐書』や『三国史記』百済本紀と一年ずれた理由は『日本書紀』とは事情が異なる。

百済滅亡戦を指揮した新羅の武烈王は西暦六六〇年に薨じ、その後、後継者の文武王が指揮を執った。従って百済再興戦の事績はすべて文武王の事績である。

文武王は翌西暦六六一年に即位し、『三国史記』新羅本紀は文武王一年を西暦六六一年として扱った。この時、即位前の事績も文武王一年の記事として扱ったため、結果的に一年ずれてしまったのである。

ここまでの考察により、百済再興戦は『旧唐書』と『三国史記』百済本紀が正しく、『日本書紀』

の天智紀に記載された記事のうち、百済再興戦に関するものは一年遡上させて考慮する必要があるという結論に至る。

四、冠位二十六階制定の謎

白村江の戦いが行われた翌年（『日本書紀』によれば西暦六六四年）、冠位二十六階が制定された。

「三年（西暦六六四年）春二月の己卯の朔丁亥（九日）、天皇、大皇弟に命じ、冠位の階名を増し換《か》えること、及び氏上、民部、家部等の事を宣す。その冠は二十六階有り。大織《だいしょく》、小織《しょうしょく》、大縫、小縫、大紫《だいし》、小紫《しょうし》、大錦《だいきん》上、大錦中、大錦下、小錦《しょうきん》上、小錦中、小錦下、大山《だいせん》上、大山中、大山下、小山《しょうせん》上、小山中、小山下、大乙《だいおつ》上、大乙中、大乙下、小乙《しょうおつ》上、小乙中、小乙下、大建《だいけん》、小建《しょうけん》、これを二十六階とす」〈『日本書紀』巻二十六、天智三年二月九日条〉

この記事の矛盾は天智天皇の即位前の記事なのに「天皇」を称している点である。

その他で言えば、倭国は白村江の大敗で敗戦処理に追われており、冠位制の改正に着手する余裕などなかったはずである。

この謎を解く鍵は『日本書紀』の次の記事にある。

［八月に、前将軍大花下阿曇比邏夫連、小花下河辺百枝《ももえ》臣等、後将軍大花下阿倍引田《あべのひけた》比邏夫臣、大山上物部連熊、大山上守君大石等を遣わし、百済を救う。仍《よ》りて兵杖、五穀を送る］〈『日本書紀』巻二十七、天智天皇即位前、斉明七年八月条〉

『日本書紀』はこの記事を西暦六六一年としているが、実際は一年遡上させた西暦六六〇年である。この記事に登場する将軍（阿曇比邏夫、河辺百枝、阿倍引田比邏夫、物部熊、守大石）の冠位（大花下、小花下、大花下、大山上）はいずれも冠位十九階制の冠位である。

ところが一年後の西暦六六一年の『日本書紀』の記事に登場する阿曇比邏夫の冠位は、まだ制定されていない冠位二十六階の「大錦中」に変更されていた。

［五月、将軍大錦中阿曇比邏夫連等、船師一百七十艘を率い、豊璋等を百済国に送り、宣勅《みことのり》して、豊璋等を以てその位を継がしむ。］〈『日本書紀』巻二十七、天智元年五月条〉

『日本書紀』はこの記事を西暦六六二年としているが、実際は一年遡上させた西暦六六一年の記事である。

西暦六六一年は二中歴年号によると、白鳳元年に当たる。これは豊碕天皇の崩御後、即位した葛城皇子による改元である。

第五章でも述べたように、孝徳天皇は常色年号に改元した際、冠位十三階を制定し、豊碕天皇もまた、白雉改元に際して冠位十九階を制定した。

このことから葛城皇子も白鳳改元後、冠位二十六階を制定したと考える。

『日本書紀』の「三年春二月の己卯の朔丁亥、天皇、大皇弟に命し（以下略）」の記事は西暦六六四年ではなく西暦六六一年の事績を記したものである。そしてこの記事に登場する「天皇」は天智天皇ではなく、白鳳元年（西暦六六一年）に即位した葛城皇子を指す。

以後、即位後の葛城皇子について、行在所となった長津宮の名に因み、長津天皇と呼ぶことにする。

五、斉明天皇の西征と、倭軍及び日本軍の動向

西暦六五九年、日本国は二回目の遣唐使を唐に派遣したが、その一年後、斉明天皇は百済再興戦への参戦を決定した。

［十二月の丁卯の朔庚寅《二十四日》、天皇難波宮に幸す。天皇、方《まさ》に福信が乞うところの意に随い、筑紫に幸して、救軍を遣わさんと思い、初《ま》づ斯《ここ》に幸して、諸《もろもろ》の軍器を備える。」〈『日本書紀』巻二十六、斉明六年

十二月二十四日条〉

西暦六六〇年、難波宮にいた斉明天皇は百済再興戦に参戦するため、筑紫に赴くことを決定した。これは唐との決別を意味し、唐に派遣した遣唐使達を見殺しにする行為でもあったが、斉明天皇の決断には、豊碕天皇に崩御されて孤立無援の我が子・葛城皇子への思いがあった。

西暦六六一年、斉明天皇は開別皇子の娘、大田姫皇女を連れて筑紫に向かった。この行幸について『日本書紀』は次のように記載する。

「七年春正月の丁酉の朔壬寅(六日)、御船、西に征《ゆ》きて、始めて海路に就く。甲辰(八日)、御船、大伯海《おほく》に到る。時に、大田姫皇女、女を産む。仍りてこの女を名けて、大伯皇女と曰う。庚戌(十四日)に、御船、伊予の熟田津の石湯行宮に泊《は》つ。(熟田津、これは儞枳拕豆《にきたつ》という)

三月の丙申の朔庚申(二十五日)、御船、還りて娜大津に至る。磐瀬行宮に居《おわ》す。天皇、これを改めて、名を長津という」〈『日本書紀』巻二十六、斉明七年一月、三月条〉

大田姫皇女は大海人皇子の妃であり、身重の身であったが、その大田姫皇女を筑紫に同行させたのは、夫の大海人皇子が筑紫にいたからである。

葛城皇子(長津天皇)は西暦六六一年の初めに即位し、冠位二十六階を定め、百済再興戦を指揮していた。

大海人皇子は筑紫で実兄の長津天皇を補佐していたのである。この筑紫行幸には出陣前の緊張感がなかった。それは長津天皇と大海人皇子が前線の指揮を執っていたからである。斉明天皇の役割は百済再興戦に参戦することを表明した時点で終えており、この筑紫行幸は斉明天皇にしてみれば息子に会うためであり、大田姫皇女にとっては出産まもない娘の顔を夫に見せることにあった。

こうして道中の船旅を楽しんだ斉明天皇の一行であったが、前線の筑紫は緊迫した状況にあった。

［この月、唐人、新羅人、高麗を伐つ。高麗、救を国家に乞う。仍《よ》りて軍将を遣して、䟽留城《そるさし》に拠《よ》る。これに由りて、唐人、その南の堺を略《かす》むること得ず、新羅、その西の塁《そこ》を輸《おと》すこと獲ず。」〈『日本書紀』巻二十七、天智元年三月条〉

この記事は天智元年（西暦六六二年）として記載されているが、実際は一年遡上させた西暦六六一年の記事である。

西暦六六一年一月、唐が当初の計画通り、高句麗遠征を開始したため、高句麗は倭国に救援を要請した。長津天皇はその年の三月、朝鮮半島に軍勢を派遣し、䟽留城に拠点を構え、唐と新羅の動きを牽制するとともに、唐の熊津都督府を包囲する百済残党軍に武器、兵糧を支給し、熊津都督府を牽制した。

「元年春正月の辛卯の朔丁巳(二十七日)、百済の佐平鬼室福信に矢十万隻、絲五百斤、綿一千斤、布一千端、韋一千張、稲種三千斛を賜う。」〈『日本書紀』巻二十七、天智元年一月二十七日条〉

この記事は天智元年（西暦六六二年）として記載されているが、実際は一年遡上させた西暦六六一年の記事である。

百済残党軍は西暦六六〇年十月頃から熊津都督府を包囲していたが、奮戦空しく翌年三月に撤退した。

「仁軌は新羅兵と合せてこれを撃つ。我が軍は退走す。柵に入りては水に阻まれ、橋は狭く堕ちて溺れ、戦死者は万余人に及ぶ。福信等は乃ち都城の囲みを釈《と》く。時に竜朔元年(西暦六六一年)三月なり。」〈『三国史記』百済本紀、義慈王〉

西暦六六一年三月、唐の劉仁軌は熊津都督府救援のため応援に駆けつけ、福信の軍勢を撃破した。二ヶ月後の西暦六六一年五月、遣唐使の津守吉祥の一行が帰国し、斉明天皇に復命した。しかし斉明天皇はこの遣唐使を慰労しなかった。当然である。日本国は百済再興戦に参戦していたからである。伊吉博徳はこの時の様子を次のように『伊吉連博徳書』に記載した。

「智興が傔人《けんじん》東漢《やまとのあやの》草《かや》直足嶋の為に讒されて、使人等寵命を蒙らず」〈『日本書紀』巻二十六　斉明七年

五月『伊吉連博徳書』〉

智興は第五章でも述べた倭国の韓智興であり、唐国で遠流に処されていた。そのため韓智興の傔人（従者）の東漢草直足嶋が親唐派の遣唐使一行の行動を報告した。

唐との対決を決意していた斉明天皇は遣唐使達を慰労しなかったが、伊吉博徳はそれを東漢草直足嶋の讒言によるものと記した。

こうして日本国は唐との対決の道を歩むことになったが、斉明七年（西暦六六一年）七月、斉明天皇が崩御すると事態は急変した。

［（八月）乙酉《（二十三日）》、天皇の喪、還りて難波に泊る。］〈『日本書紀』巻二十六、斉明七年八月二十三日条〉

親唐派の開別皇子は斉明天皇の亡骸を引き取って難波に引き上げた。『日本書紀』の記事を素直に読むと、百済再興戦の最中に陣頭指揮を執っていた皇太子が戦前離脱したかのように見えるが、実際は長津天皇が前線で指揮を執っていたため、難波に帰還したのは親唐派の開別皇子であった。

その意図は斉明天皇の喪にかこつけて日本軍を朝鮮半島から撤退させることである。

これは倭軍に大打撃を与えた。それまで日本軍と協力して維持してきた戦線を、倭軍は単独で支えなければならなくなったからである。

西暦六六二年、唐は戦果が上がらない高句麗からの撤退を決め、代わりに後方の安定を図るため、百済残党軍の掃討に注力した。

その頃、倭国も大軍を朝鮮半島に送り込み、唐との対決に備えた。

［三月、前将軍上毛野君稚子《わかこ》、間人連大蓋《おおふた》、中将軍巨勢神前臣訳語《おさ》、三輪君根麻呂、後将軍阿倍引田臣比邏夫、大宅臣《おおやけ》鎌柄《かまつか》を遣わし、二万七千人を率い新羅を打つ。］〈『日本書紀』巻二十七　天智二年三月〉

この記事は天智二年（西暦六六三年）三月として記載されているが、実際は一年遡上させた西暦六六二年三月の記事である。

二万七千の倭軍は新羅の要所である泗沘を奪取した。

［六月、前将軍上毛野君稚子等、新羅の沙鼻《さび》、岐奴江《まぬえ》の二城を取る。］〈『日本書紀』巻二十七　天智二年六月〉

沙鼻は泗沘とも呼ばれ、百済の旧都である。倭軍は泗沘を抑え、熊津と唐本国との連絡を断つことに成功したのだが、翌月、すぐに唐軍に奪還された。

［(竜朔)二年（西暦六六二年）七月、仁願《じんがん》、仁軌《じんき》等は福信の余衆を熊津の東に於《おい》て大いに破る。］〈『三国史記』百済本紀、義慈王〉

同じ頃、百済残党軍内で内紛が勃発し、事実上の総大将である福信が百済王豊璋に殺害される事件が起きた。

［時に福信は既に専権し、扶余豊と浸《ようや》く相猜忌す。福信は疾《やまい》と称して窟室《くこつ》に臥せ、豊が疾《やまい》を問うを俟《ま》ち、執《とら》えてこれを殺さんと欲す。豊はこれを知り、親しく信ずべきものを帥《ひき》いて掩《おそ》いて福信を殺し、使を高句麗、倭国に遣わし師を乞い、以て唐兵を拒む。］〈『三国史記』百済本紀、義慈王〉

百済王豊璋は福信の専横を憎む余り、勝敗が決していないこの状況下で軍事能力に長けた福信を粛清した。

福信の用兵に手を焼いていた唐はこの内紛を好機と見て、新羅と連携して百済残党軍の拠点であった州柔城に向けて進軍を開始した。

［仁師《じんし》、仁願、及び羅王金法敏は陸軍を帥《ひき》いて進み、劉仁軌、別帥の杜爽《しやそう》、扶余隆は水軍、及び糧船を帥《ひき》いて熊津より白江に往き、以て陸軍と会し、同じく周留《しゆる》城に趣く。］〈『三国史記』百済本紀、義慈王〉

唐の孫仁師、劉仁願、新羅王（文武王）は陸路から州柔《つぬ》（周留）城を目指し、劉仁軌、杜爽、扶余隆は必要な物資を軍船に積載し、熊津から糧船とともに仁川を下って白江（白村江）経由で陸軍との合流地点を目指した。

一方、百済王豊璋は高句麗と倭国に援軍を要請し、長津天皇は一万の軍勢を州柔城に派遣した。

［大日本国の救将の盧原《いおはら》君臣は健児万余を率い、正当《まさ》に海を越え、至る］〈『日本書紀』巻二十七　天智二年八月〉

百済王豊璋は白江（白村江）に赴き、倭国の水軍を出迎えたが、ここで唐の水軍と遭遇し、会戦となった。

［仁軌は倭兵を白江の口に遇し、四戦して捷《か》ち、その舟四百艘を焚《や》く。煙焰《えんえん》は天に漲《みなぎ》り、海水は皆、赤くす。賊衆は大いに潰れ、余豊は身を脱して走る］〈『旧唐書』劉仁軌伝〉

倭軍は大敗し、この会戦後、百済王豊璋は行方を眩ました。

百済再興戦の意義を失った倭国は朝鮮半島からの撤退を決めた。

こうして二年に及ぶ百済再興戦は終結した。

敗戦国の倭国は戦後処理に追われた。しかしその内容について『日本書紀』は何も記載していないため、百済人祢軍の墓誌（『百済祢軍墓誌』）より考察する。

六、『百済人祢軍墓誌』の考察

百済人祢軍《でいぐん》は百済滅亡後、唐に仕え、後に僭帝を説得し臣従させた功績により「左戎衛郎将」に叙任された人物である。

僭帝については後ほど本項で説明する。

まず祢軍の官職について考察する。

祢軍が『日本書紀』に登場するのは天智四年（西暦六六五年）である。

［九月の庚午の朔壬辰《二十三日》に、唐国、朝散大夫司馬上柱国劉徳高《しゅうとくこう》等を遣わす。（等というは、右戎衛郎将上柱国百済祢軍《でいぐん》、朝散大夫柱国郭務悰《かくむそう》を謂う。）］〈『日本書紀』巻二十七、天智四年九月二十三日条〉

この時の肩書きは「右戎衛郎将」だが、『百済人祢軍墓誌』では「左戎衛郎将」と記されている。

このように『百済人祢軍墓誌』と『日本書紀』では「左」と「右」で異なっているが、同じ人物でも史書によっては官職名が左右で異なる事例があるため、同じ官職を指すものと考える。

その事例とは『旧唐書』と『唐会要』の百済伝に登場する「王文度」である。

王文度は祢公の同時代人であり、唐の蘇定方とともに突厥攻略戦で活躍した将軍でありる。だが突厥攻略戦の最中、現地略奪を行った罪で庶民に堕落とされた。

『旧唐書』百済伝によれば、王文度は百済攻略戦で「右衛郎将」として再登用されたが、『唐会要』百済伝では「左衛郎将」と記されている。

このように同時代の歴史書でも「左右」の誤記があるが、裏を返せば衛郎将という地位が重要なわけであり、「左右」の違いについては特に意識されていなかった。

これは祢軍の官職にも同じことが言える。『百済人祢公墓誌』では「左戎衛郎将」とあり、『日本書紀』では「右戎衛郎将」と記されている。このように「左右」が異なるが同じ官職を指すものと考える。

このことは祢軍が『日本書紀』に登場した頃には、既に祢軍は『百済人祢軍墓誌』で記された功績を立てた後であったことを意味する。

その功績とは僭帝の説得である。

『百済人祢軍墓誌』によれば、祢軍が唐に出仕したのは百済滅亡後のことである。

「去る顕慶五年（西暦六六〇年）、官軍が本藩を平げし日、機を見て変を識り、剣を杖つき、帰することを知る。由余《ゆうよ》の戎を出ずることに似たり。金磾子《きんていし》の入漢することが如し。聖上は嘉嘆し、擢《ぬき》んでること栄班を以てし、右武衛滻川《さんせん》府折沖《せっちゅう》都尉を授ける」〈『百済人祢軍墓誌』〉

西暦六六〇年、唐により百済が滅亡すると祢軍は唐に帰順した。これを由余と金磾子の事績に匹敵すると墓誌は称賛した。

由余とは春秋時代、秦の穆公に仕えた西戎の重臣である。由余は西戎の使者として穆公に謁見した後、その能力に畏怖した穆公が西戎王と由余の間を引き裂くため、西戎王に美女を贈った。西戎王は美女にうつつを抜かして由余の諫言を聞かなくなったため、辟易した由余は穆公の許に出奔し、穆公の覇業に協力した。

また金磾子とはまた金磾子《きんていし》（金日磾《きんじつてい》）は前漢の武帝に仕えた匈奴・休屠《きゅうと》王の子である。父が前漢の武帝に降伏を願い出たものの裏切ったため仲間の渾邪《こんじゃ》王に殺害され、渾邪王に伴われて武帝に降り、漢の覇業に貢献した。

祢軍の帰順を裏切りではなく、功績であると墓誌は記す。

唐に出仕後の官職は「都尉」であり、ここから戎衛郎将に抜擢されるまでの事績を墓誌は次のように綴る。

「時に日本の余噍《よしゅう》が扶桑に拠りて、以て誅を逋《のが》れる。風谷の遺甿《いぼう》は盤桃《ばんとう》を負いて阻固《そこ》なり。万騎、野を亘り、蓋馬とともに以て塵を驚かす。千艘は波を横たわり、原蛇を援けること、縦《たと》えるに瀰《でい》なり。」

〈『百済人祢軍墓誌』〉

「扶桑」は東方、「余噍」は残党という意味である。この墓誌には国名は一つも登場しないため、「日本」は日本国ではなく、「東方」という意味である。

「遺甿」は遺民という意味であり、この時期、亡国は百済だけなので、百済の遺民を指す。「盤桃」

は桃の一種であり、『山海経』によれば東方の桃源郷に実る果実を指し、仙人が食したという。つまり盤桃が実る遥か遠く、険阻で防御が固い東方の地に百済の遺民が拠った状況を説明している。「蓋馬」は傘を立てた馬であり、貴人の馬を指す。ここでの貴人は百済の遺民を統率し、唐に抵抗する軍勢の総帥を指しており、百済王もしくは倭国の天皇、もしくはその皇族を指すと考える。

ここまでを意訳すると次のようになる。

「時に東の残党が東方に拠って唐の誅伐を逃れていた。風吹く谷に籠る百済の遺民は神仙が食した盤桃が実る遥か遠い東の土地に拠っている。そこは険阻な地形であり、防御が固い。しかも彼らは一万騎を擁して広野を駆け巡り、将帥の軍馬とともに戦塵を巻き上げ、戦意を高揚させている。千艘の軍船は海上に布陣し、陸戦隊を援護している。その様子を例えるならば、水の流れがどこまでも続くようである」

このように唐の敵である「日本の余噍」の盛況ぶりを説明した後、一転してこれほどの難敵を祢軍がどのように屈服させたのかを記す。

「公を以て海左《かいさ》を格謨《かくぼく》し、瀛東《えいとう》を亀鏡《ききょう》とす。特に簡帝あり、往尸《おうし》を招慰《しょうい》す。公は臣節に侚《とな》え、命を投げうち、皇華を歌い以て載馳す。汎海の蒼鷹を飛びたたせ、凌山の赤雀を翥《しょ》す。」〈『百済人祢軍墓誌』〉

「謨」は「謀」であり、「格」は「取っ組み合う」という意味があることから、「格謨」とは「謀略で攻める」ことを意味する。

「瀛」は「大海」の意味があり、日本列島を含む東方地域の総称である。「瀛東」と「海左」はそれぞれ対を成しており、「東」と「左（西）」で対比させている。「瀛東」は日本列島の東側であり、「海左」は日本列島の西側を指す。

「亀鏡」は「模範」の意味であり、ここでは「瀛東」を唐にとって模範とするべき国家として遇し、逆に「海左」は格謨、即ち謀略で攻めるべき旨が記されている。

この友好的な「瀛東」には「簡帝」が君臨していた。「簡」には「つつましい」という意味があることから、「瀛東」の簡帝は唐に敬虔であったと考える。

この墓誌には他に「僭帝」という単語が出現する。これは「瀛東」「海左」と同じく「簡帝」と対を成す対義語である。

唐は瀛東の君主である簡帝に往戸（＝戦死者）の魂を慰霊させた。これは先の百済再興戦における戦死者の慰霊である。唐に敬虔であるということは、簡帝は百済再興戦に参加していない。しかしそれでも簡帝に戦死者を慰霊させたのは、百済再興戦の戦死者と同じ民族だからである。

ここまでを意訳する。

「唐は祢軍に瀛（日本列島）の西の国を謀略で攻め、瀛の東の国については唐の友好国として遇し、他の諸国の模範とするように指示した。時に瀛東には唐に従順な簡帝がおり、唐は簡帝に先の大戦の戦死者を慰霊させる優しさを見せた。祢軍は臣節に従い、命を賭して皇国の栄華を唱え、瀛を威圧するために海を渡った。その振る舞いは大海の蒼鷹を飛翔させ、高山の赤雀が羽ばたくようなものであった。」

その後、墓誌は祢軍がこの困難な使命を果たし、左戎衛郎将に昇進するに至った経緯を記す。

［決河眦《にら》みて天呉静まり、風隧《ふうけん》を鑑《かんが》みて雲路通ず。鳧《かも》を驚かせ侶を失う。済ますこと終夕ならず。遂に能く天威の暢《の》びるを説く。喩えるに以て禍福千秋なり。僭帝一旦臣を称し、仍《よ》りて大首望数十人を領し、将《まさ》に入朝し謁せんとす。特に恩詔《おんしょう》を蒙り、左戎衛郎将を授かる。］〈『百済人祢軍墓誌』〉

一節目の「決河」は決壊した大河の荒れ模様を表現し、「呉」は「やかましい」という意味がある。決壊した大河に対して睨みつけると、荒れ狂っていた天候は静まり返ったという意味である。

風隧は『詩経』の「桑柔」の一節「大風有隧、有空大谷」より抽出した字句である。『詩経』の「桑柔」の詩は周の厲王の暴虐によって国を追われた家来が、国家を「桑の葉」に見立てて歌ったものである。この家来は暴君（厲王）が桑の葉をすべて毟り取ったため、民百姓は天より降りかかる災難を回避できず、一身に受けて困窮しているが、暴君や佞臣は滅亡するその時まで気付かないと嘆いた。

この詩の一節に「風隧」の字句が登場する。「隧」は墓穴のトンネルである。「隧」が造られる大規模な陵墓は王者や貴族に許された特権だが、その王者が暴君の場合、国家が滅亡しているので、被葬者不在のまま風化され「隧」だけが残る。そこを大風が襲えば、風に抉られた大谷となる、という意味である。

これを祢軍は「海左」の人々に突きつけた。

「貴公等がこのまま唐に抵抗し続ければ民百姓は困窮する。そうなると貴公等が滅亡した後、陵墓に葬られず、虚しく大谷だけが残ることになろう」

この威圧に屈した「海左」の人々は、険阻な地形に籠っていた百済の遺民への道案内を受け持った。梟は鴨であり、家禽化された水鳥、即ち弱敵の蔑称であり、「海左」の人々を鴨と呼んだ。

このように敵対勢力を無力化させた祢軍は与えられた任務を時間をかけずにこなしたと称賛される。「終夕」は「夜もすがら」という意味であり、任務を手際よくこなしたことを表現する。

祢軍は唐国の威光を前途洋々たるものであると「瀛」の人々に説明し、その様子を「禍福千秋」、即ち唐に従えば幸福を享受し、唐に逆らえば永遠に災禍に苛まれるようであると表現した。

僭帝はその威圧に屈し、一旦臣下を称し、麾下の数十人の大首領を率いて入朝し、皇帝に拝謁した。「僭」は身分を越えた分不相応な存在を意味する。この時代、東アジアで唐に対して皇帝を称したのは倭国だけである。

「大業三年《（西暦六〇七年）》、その王多利思北孤《たりしひ（ほ）こ》、使を遣わして朝貢す。（略）その国書にいわく、『日出ずる処の天子、書を日没する処の天子に致す、恙《つつが》なきや、云々』」〈『隋書』俀国伝〉

これは西暦六〇七年に二代皇帝の煬帝に倭王が送った国書の一節である。倭王は国書の中で天子を称しており、唐の皇帝の目には皇帝を僭称した身分不相応な人物のように映っていた。

この僭帝は唐と対峙した倭国の長津天皇である。そして『百済人祢軍墓誌』に登場する僭帝とは斉明天皇の後を受けて即位した天智天皇（開別皇子）と考える。この二人は同じ倭王から分派しているため、『百済人祢軍墓誌』はどちらも帝と記した。

祢軍は僭帝、即ち長津天皇を臣従させた功績で左戎衛郎将に任命された。

『日本書紀』に登場する祢軍は戎衛郎将の賜授後である。

つまり倭国は西暦六六五年以前に唐に臣従していたのである。

ここまでの流れを整理する。

白雉九年（西暦六六〇年）

倭国の豊碕天皇、崩御。

八月、唐国の蘇定方により百済国滅亡。

九月、倭国の葛城皇子、百済国再興のため人質の豊璋王子に織冠を授け、百済王に任命する。

日本国の遣唐使、唐国での幽閉を解かれる。

十月、百済国の福信と道琛が挙兵。倭国に援軍を求む。

唐国の劉仁願、百済国の旧都・熊津に赴任。

百済国の福信と道琛が熊津を包囲。

十一月、蘇定方、唐国に凱旋。

日本国の遣唐使、唐国で凱旋式を観覧。

十二月、日本国の斉明天皇、百済救援の準備を始める。
倭国の葛城皇子（長津天皇）、即位。

白鳳元年（西暦六六一年）
一月、日本国の斉明天皇、筑紫に行幸。
唐国、高句麗国を攻撃。
二月、倭国、冠位二十六階制定。
三月、百済国の福信と道琛、熊津より撤退。
高句麗国から倭国に援軍要請。
倭国は踈留城で唐軍と新羅軍の連携を阻む。
五月、倭国の阿曇比邏夫らが百済王・豊璋を百済国に送り込む。
七月、日本国の斉明天皇が崩御。
八月、倭国の阿曇比邏夫らを百済国に派遣。
日本国は斉明天皇の喪に服すため難波に帰還。
唐軍が高句麗国から撤退する。

白鳳二年（西暦六六二年）
三月、倭国の上毛野君稚子らが二万七千の兵を率いて新羅国を攻撃する。
六月、倭国の上毛野君稚子らが新羅国の沙鼻、岐奴江の二城を奪取する。
七月、唐国の劉仁願、劉仁軌らが熊津の東で百済国の福信らを破る。

百済王豊璋が福信を謀殺する。
唐軍と新羅軍が陸路と海路に分かれて百済残党軍の拠点・州柔城に向けて進軍する。
百済王豊璋は倭国に救援要請。
倭国の長津天皇は一万の援軍を百済国に派遣。
白村江の戦い。倭国大敗。
白鳳三年（西暦六六三年）この頃、百済国の旧臣・祢軍が倭国を訪問。
倭国に降伏を迫り、倭国は唐国に臣従する。
倭国に筑紫都督府が設置される。
白鳳五年（西暦六六五年）九月、百済国の旧臣・祢軍が倭国を訪問。（二回目）

七、泰山封禅の儀

西暦六六五年十二月、唐は泰山で封禅の儀を執り行った。この儀式は天下泰平を天地に感謝するために行われる。秦の始皇帝以来、数多くの皇帝がこの儀式を行い、直近では隋の楊堅（文帝）が南北朝の戦乱終結後に行った。

唐の高宗は東アジアの平定が成った西暦六六五年に封禅の儀を行った。『旧唐書』によれば、この儀式に新羅を筆頭に、百済、耽羅、倭国の首領が参加した。

［麟徳二年《西暦六六五年》、泰山を封《ふう》ず。仁軌《じんき》、新羅、及び百済、耽羅《たんら》、倭の四国の酋長《しゅうちょう》を領し会に赴く］〈『旧唐書』劉仁軌伝〉

この四カ国の要人を劉仁軌が同伴したことは『三国史記』に記されている。

［秋八月、王と勅使の劉仁願、熊津都督の扶余隆と熊津就利《じゅり》山に盟す。（略）ここに於て、仁軌は我が使者及び百済、耽羅《たんら》、倭人の四国の使を領し、海に浮かび西に還り、以て泰山を祠《まつ》るのに会す］〈『三国史記』新羅本紀、文武王〉

封禅の儀には唐に投降した義慈王の子・隆の姿もあった。百済は滅亡していたが、隆は熊津都督に任命され、この年の十月に新羅の文武王と盟約を結んでいた。

劉仁軌は新羅と百済の使者の他に、耽羅と倭国の使者も同伴した。尚、祢軍が倭国を訪問したのはその一ヶ月前のことである。（『日本書紀』天智四年九月二十三日条）

このことから祢軍の来訪の目的は泰山の封禅への参加要請であったことが分かる。

『百済人祢軍墓誌』によれば、倭国は数十人に及ぶ大身を唐に派遣したとあり、『日本書紀』には言葉を濁しているが、同様の内容の記事が掲載されている。

［この歳、小錦守君大石等を大唐に遣わす、云々。等と謂うは、小山坂合部《さかいべ》連石積《いわつみ》、大乙吉士岐彌《きしきみ》、吉士針間《きしはりま》なり。蓋し唐の使人を送れるか。］〈『日本書紀』巻二十七、天智四年条〉

坂合部石積は西暦六五九年の遣唐使であり、守君大石は有間皇子の変で陰謀に加担した罪で配流に処された後、百済再興戦に参戦した将である。記事の割注に「唐の使人を送れるか」とあるが、坂合部石積が帰国するのは三年後の西暦六六七年十一月であり、唐の使者の送使にしては長すぎる。

次の記事は『日本書紀』に記載されている坂合部石積の帰国を記したものである。

［十一月の丁巳の朔乙丑（九日）、百済の鎮将、劉仁願は熊津都督府の熊山県令上柱国司馬法聡《ほうそう》等を遣わし、大山下境部《さかいべ》連石積《いわつみ》等を筑紫都督府に送る。］〈『日本書紀』巻二十七、天智六年十一月九日条〉

このように三年間も唐に拘留されていたことから、坂合部《さかいべ》石積《いわつみ》は泰山封禅に参加していたものと推測する。

坂合部《さかいべ》石積《いわつみ》が帰還した筑紫都督府は鶏林《けいりん》州都督府（新羅）、熊津都督府（百済）と同じく、倭国に設置された都督府である。

都督は倭国の天皇（長津天皇）である。天智天皇はこの年の三月に近江に遷都しており、高安城、屋島城、対馬城を築城していた。この城塞はいずれも瀬戸内海から畿内への侵攻路に築城されたものである。

この時期、東アジアは高句麗を除き、唐に従属もしくは友好関係にあった。従ってこれらの城塞は唐や新羅の侵攻を防ぐことを目的としたものではない。

敵は筑紫都督府であった。

八、皇太弟・大海人皇子

天智天皇が近江に遷都したのは、『日本書紀』によれば西暦六六六年もしくは翌西暦六六七年のことという。
「七年（西暦六六七年）の春正月の丙戌の朔戊子（三日）に、皇太子は天皇位に即く。（或本に云う、六年（西暦六六六年）の歳次丁卯三月に位に即く。）」〈『日本書紀』巻二十七、天智六年一月三日条〉
百済再興戦の敗戦後、倭国は唐に臣従し、筑紫に都督府が設置され、長津天皇は筑紫都督に任命された。

その頃、『百済人祢軍墓誌』が記載するように、唐から友好国の模範と見なされていた東瀛の箇帝は独立の体を保っていた。この箇帝は斉明天皇の崩御後に即位した日本国の天智天皇（開別皇子）である。

日本国は白雉元年（西暦六五二年）に建国した後、倭国に従属していた。しかし倭国が唐に臣従したことにより日本列島の代表主権国家は日本国となり、倭国唯一の天皇となった天智天皇（開別皇子）は晴れて即位したと考える。

当然ながら長津天皇は天智天皇の即位を認めなかった。そのためこの両者は一触即発の状況となり、天智天皇は筑紫から難波に至る要所に城塞を築城し、防戦体制を整えた。

この抗争で謎の行動を取っていたのが大海人皇子である。

長津天皇とともに百済再興戦に参戦していた大海人皇子は百済再興戦の敗北後、百済遺民を率いて東方に逃れたと考える。ところが祢軍の説得を受けて長津天皇が唐への臣従を決めた時、大海人皇子は筑紫に帰還せず、天智天皇の側にいた。

そのことを示す逸話が『藤原家伝』に残されている。

「摂政六年（西暦六六六年）春三月、近江国に遷都す。七年（西暦六六七年）正月天皇位に即く。これ天命開別天皇《あめみことひらかすわけ》なり。朝廷、尤《もっぱ》ら事とし、遊覧、これを好む。帝、群臣を召して酒を浜楼《ひんろう》に置き、酒、酣《たけなわ》にして歓極まれり。ここに於《お》いて太皇弟《たいこうてい》（一に皇太弟《こうたいてい》と作る。下に同じ）は長槍を以て敷板を刺し貫く。帝驚き、大いに怒り、以てまさに執害せんとする。大臣固く諫める。帝即ちこれを止む。」〈『藤原家伝』上、鎌足伝〉

大海人皇子は長津天皇の許ではなく、近江朝廷に出仕し、皇太弟として遇されていたのである。『日本書紀』では天智天皇と大海人皇子が同父同母兄弟として記されているため、大海人皇子が日本国にいること自体、不思議はないが、ここまで説明してきたように大海人皇子は筑紫都督、長津天皇の実弟である。その大海人皇子が近江朝廷に出仕していたこともさることながら、宴会の席で酔った勢いで天智天皇の御前で長槍を敷板に突き刺したという不遜極まりない事件を起こしていた。天智天皇と大海人皇子を同父母兄弟として見た場合、納得し難い事件だが、この二人が異父兄弟であり、同等の立場にあったと考えれば、大海人皇子がこのような態度を取るのは分からなくもない。

この行為に天智天皇は激怒し、大海人皇子を処刑しようとしたが、中臣鎌足に諫言されて思い止まった。百済遺民や倭国の徹底抗戦派に支持されていた大海人皇子を処刑すれば彼らを敵に回すことになるからである。

大海人皇子はこの事件後、中臣鎌足との関係を深め、中臣鎌足の二人の娘、氷上娘と五百重娘を娶った。

『藤原家伝』によれば、大海人皇子は当初、中臣鎌足が神祇官の中臣家という出自で大臣という破格の官職を帯びていることが気に入らなかったという。

「太皇弟《たいこうてい》は初め、大臣の遇する所の高きを忌む。」〈『藤原家伝』上、鎌足伝〉

乙巳の変後、日本国の廷臣の中でも中臣鎌足の功績は群を抜いていたが、大海人皇子は中臣鎌足を認めていなかった。このことから大海人皇子が門閥を重視する保守的な性格であったと考える。

逆に天智天皇は門閥を意識しない開明的な性格であった。有能な人材はそこに魅力を感じ、天智天皇に与した。

倭国は従来通りの門閥主義であった。一方、日本国は能力主義であった。人材の質でいえば日本国に軍配が上がるが、黎明期の日本国は人数で倭国に劣っていた。これが当時の倭国と日本国の勢力関係であった。

しかし大海人皇子が近江朝廷に加わったことにより日本国は人材の質、量ともに倭国を上回ることになった。

両国の形勢は日本国に傾きつつあったのである。

第七章　唐羅戦争と壬申の乱

一、唐羅戦争前夜

西暦六五九年、高句麗、百済の攻撃を受けて危急存亡の淵に立たされた新羅は唐に救援要請し、その翌年、百済が唐・新羅の連合軍の攻撃により滅亡した。

それから八年後（西暦六六八年）、再び唐・新羅の連合軍の攻撃を受けた高句麗が滅亡した。

この間、新羅は常に勝者の側にあったが、唐から冷遇された。

百済滅亡後、百済の故都、熊津には熊津都督府が設置された。高句麗滅亡後、高句麗の故都、平壌には安東都護府が設置され、百済再興戦で大敗した倭国には筑紫都督府が設置された。

この三国は敗者であり、唐に従属するのは当然であった。しかし勝者の側についた新羅にも鶏林州都督府が設置され、敗戦国と同等の処遇を受けていた。

この時の新羅の文武王の胸中を綴る書簡が『三国史記』に残る。

「新羅は百済を平らげてより高麗を定めるまで、忠を尽し力を効し、国家を負《そむ》かず。未だ何の罪も知らずして一朝遺棄《いき》す。」〈『三国史記』新羅本紀、文武王下〉

これは新羅の文武王が劉仁軌に宛てて送った書簡の一節であり、新羅が百済、高句麗の討伐に協力したにも関わらず、用済みとなると他の敗戦国と同様に扱われた無念を劉仁軌に訴えたものである。しかし文武王はただ無念を訴えただけではなく、この時、密かに唐に一矢報いることを考えていた。新羅は旧高句麗の安東都護府、旧百済の熊津都督府、旧倭国の筑紫都督府と三方を包囲されており、同盟国はなかった。この状況下で唐に開戦することは自滅の道を選ぶのと同じである。そこで新羅は唐に対する共同戦線を張るため、高句麗滅亡の年（西暦六六八年）、日本国（近江朝廷）に遣使した。

「秋九月の壬午の朔癸巳《（十二日）》、新羅、沙《さ》喙《とく》級《きゅう》湌《さん》の金東《とう》厳《ごん》等を遣わして、調を進ず。」〈『日本書紀』巻二十七、天智七年九月十二日条〉

ところがこの新羅使の来訪を日本国は迷惑に感じた。何故ならばこの時期、日本国は新羅を仇敵と見る百済遺民を大量に受け入れていたからである。

「三月、百済王善《ぜん》光《こう》王等を以て、難波に居《お》く」〈『日本書紀』巻二十七、天智三年三月条〉

[百済の百姓男女四百余人を以て、近江国の神前郡に居《お》く]〈『日本書紀』巻二十七、天智四年条〉

[百済の男女二千余人を以て、東国に居《お》く]〈『日本書紀』巻二十七、天智五年条〉

百済遺民を大量に受け入れていた日本国が新羅と手を組むのは外患をわざわざ招くようなものであり、多くの廷臣は新羅の遣使の受け入れを拒否した。

しかし中臣鎌足は違った。

『日本書紀』によれば、中臣鎌足は新羅との国交を望み、新羅の名将・金庾信に船を一隻献上したのである。

[(九月)丁未《(二十六日)》、中臣内臣、沙門の法弁、秦筆を使わして、新羅の上臣、大角干庾信《かつかんゆしん》に船一隻を賜い、東厳《とうごん》等に付く。]〈『日本書紀』巻二十七、天智七年九月二十六日条〉

当然ながらこの行為は日本国内において非難の声が上がった。

この時の逸話が『藤原家伝』に残されている。

[或る人、これを諫める。大臣対《こた》えて曰く、普天の下、王土に非《あら》ざる莫《な》し。率土《そっと》の浜、王臣に非《あら》ざる莫《な》し。]〈『藤原家伝』上、鎌足伝〉

中臣鎌足は「或る人」によって新羅と国交を結ぼうとすることを諫められたが、『詩経』の一節を引用し、「天が広がる限り、地の続く限り、王土と王臣がいる。だから王臣の一人である金庾信に船を一隻ぐらい献上したところで何の問題もなかろう」と答えた。

しかし本心は別にある。

中臣鎌足は敵対していた新羅から使者が来訪したことに不穏な動きを察した。日本国は筑紫都督府と敵対していた。仮に筑紫都督府と開戦することになれば盟主である唐が日本国討伐に動き出す。そうなれば唐に従属している新羅は日本国の敵に回る。

近い将来、敵対することが予見できる日本国と交渉することは、現環境では新羅にとって何一つ利益がない。それにも関わらず新羅が日本国との交渉を求めてきたのは、新羅が唐から離反することを視野に入れたからではないかと中臣鎌足は勘ぐった。

廷臣の多くは新羅との国交に反感を抱いていた。それは中臣鎌足も知っている。しかし筑紫都督府と開戦することになれば、唐と新羅が敵国として参戦する。この場合、勝利の確率は極めて低かった。敵対国を一国でも減らす。そのためには仇敵であっても手を結ぶ必要がある。

中臣鎌足は新羅の名将、金庾信に一艘の船を贈ることで、新羅の企図、即ち唐との開戦に応じる用意があることを諷示した。

高句麗滅亡から一年が経った西暦六六九年二月、高句麗最後の王、宝蔵王《ほうぞうおう》の庶子・安勝《あんしょう》が四千余戸を引き連れて新羅に帰順した。

新羅は安勝を教唆《きょうさ》し、高句麗国内で叛乱を起こさせた。
その年の九月、新羅は再び日本国に遣使した。

「九月の丁丑の朔丁亥《(十一日)》、新羅、沙飡督儒等を遣わし、調を進ず。」〈『日本書紀』巻二十七、天智八年九月十一日条〉

この頃、『日本書紀』に「筑紫率」という機関名が登場する。

「八年春正月の庚辰の朔戊子《(九日)》、蘇我赤兄臣を以て、筑紫率に拝す。」〈『日本書紀』巻二十七、天智八年正月九日条〉

「率」には長官の意味がある。倭国には『魏志倭人伝』の時代以来、諸国を監視する伝統的な「一大率」という制度があった。

「女王国より以北には、特に一大率《いちだいそつ》を置き、諸国を検察せしむ。」〈『三国志』魏志倭人伝〉

「筑紫率」が魏志倭人伝の時代と同じ目的で設置されたのであれば、その目的は筑紫都督府の検察である。

筑紫率の初出は天智七年（西暦六六七年）である。初代長官は敏達天皇の皇孫、栗隈王であり、壬申の乱の折、大海人皇子に味方した人物である。その翌年、有間皇子の粛清に一役買った蘇我赤兄に更迭された。蘇我赤兄は有間皇子の謀反を密告した人物であり、後の日本国（近江朝廷）の左大臣である。

謀略の才幹に優れた蘇我赤兄を筑紫率に任命した目的は、筑紫都督府に対する撹乱工作にあった。その頃、筑紫都督府は唐に援軍を要請していた。

［この歳、小錦中河内直鯨《くじら》等を遣わし、大唐に使する。（略）大唐は郭務悰《かくむそう》等二千余人を遣わす。」〈『日本書紀』巻二十七、天智八年条〉

泰山封禅の頃（西暦六六五年）、郭務悰が率いた兵は二百五十名程度であった。それが二千人に増員されたのは日本列島内に緊急事態が発生した何よりの証拠である。

唐が日本列島内の緊急事態を事前に察知して援軍を派遣するとは考えられないため、最初に筑紫都督府から援軍の要請があり、その要請に応じて唐は郭務悰を始めとする二千の兵を派遣したと考える。それが「河内直鯨等を遣わし」の記事の真意である。

この時期の『日本書紀』に、戦時中の緊張感を表す記事がある。

［秋八月の丁未の朔己酉《三日》、天皇、高安嶺に登り、議《ぎ》して城を修《おさ》めんと欲す。仍《なお》、民の疲れを恤《あわ》れみ、

止めて作らず。」〈『日本書紀』巻二十七、天智八年八月三日条〉

天智天皇は高安城の修復を思い立ちながら民の疲労を考慮して断念したという。「高安城」は筑紫都督府と抗争が勃発すると出現するキーワードの一つである。このキーワードが出現するということは、この時期、近江朝廷は筑紫都督府との決戦に踏み切る覚悟を固めていたことを意味する。

このように東アジア情勢は再び緊迫感に包まれた。倭国に設置された筑紫都督府は日本国と一触即発の状況にあった。高句麗の旧領に設置された安東都護府は亡国の王子・安勝による叛乱で身動きが取れない。すべてが新羅の望む展開となった。

西暦六七一年、新羅の文武王は唐と開戦した。

「十一年《(西暦六七一年)》春正月、伊飡礼元《いさんらいげん》を中侍《ちゅうじ》と為す。兵を発して百済を侵し、熊津南にて戦う。」〈『三国史記』新羅本紀、文武王下〉

新羅の開戦を受けて近江朝廷もまた筑紫都督府との決戦に踏み切った。

二、「筑紫君薩夜麻」の考察

唐羅戦争勃発の年（西暦六七一年）の十一月十日、郭務悰《かくむそう》が二千の兵とともに再来訪した。

［十一月の甲午の朔癸卯（十日）、対馬国司は使を筑紫大宰府に遣わして言う、月生《つきはじめ》の二日、沙門道久《どうく》、筑紫君薩野馬《さちやま》、韓嶋勝《すぐり》娑婆《さば》、布師《ぬのし》首磐《いわ》の四人が唐より来て曰く、『唐国の使人、郭務悰《かくむそう》等六百人、送使沙宅孫登《さたくそんとう》等の一千四百人、総合二千人、船四十七隻に乗りて倶に比智《ひち》嶋に泊り、相謂《かた》りて曰く、今吾輩の人船、数衆し。忽然と彼に到れば、恐らく彼の防人は驚駭《きょうがい》し、射戦す。乃《すなわ》ち道久《どうく》等を遣わし、預《あらかじ》め稍《ようや》く来朝の意を披陳《ひちん》すべし。』］〈『日本書紀』巻二十七、天智十年十一月十日条〉

この時期、唐は百済の旧領に侵攻してきた新羅と交戦状態にあった。二年前に唐から派遣された二千の郭務悰の兵はそのまま筑紫都督府に駐在しているはずだが、六百の兵と千四百人の送使、計二千の兵で再来訪した。これは増援のためではない。筑紫都督府が危機的状況に陥っているのであれば郭務悰が赴任地から理由もなく退去しないからである。

再来訪したのは、郭務悰がやむを得ない事情で筑紫都督府を退去したからである。その事情を解く鍵は郭務悰の船に同乗していた筑紫君薩野馬にある。

薩野馬（持統紀では「薩夜麻」と記述）は『日本書紀』に二度登場する。初出は天智紀の本記事だが、年次順では『日本書紀』持統紀の次の記事が最初になる。

「（十月）乙丑（二十二日）、軍丁《いくさよほろ》の筑紫国上陽咩《かみつやめ》郡の人、大伴部博麻《はかま》に詔して曰く、天豊財重日足姫《あめとよたからいかしひたらしひめ》天皇七（西暦六六一年）年の百済を救う役にて、汝、唐軍の為に虜となる。天命開別《あめみことひらかすわけ》天皇三（西暦六六四年）年に洎《およ》び、土師《はじ》連富杼《ほど》、氷《ひ》連老《おゆ》、筑紫君薩夜麻《さちやま》、弓削《ゆげ》連元宝《げんぽう》の児の四人は唐人の計るところを聞きて奏せんと欲し思うものの、衣粮《いろう》なきに縁《よ》り、憂《うれ》いを達すること能《あた》わず。ここにおいて博麻は土師富杼《はじほど》等に謂《かた》りて曰く、『我、汝とともに本朝に還向せんと欲するも、衣粮なきにより、倶に去ること能《あた》わず。願わくば我が身を売りて以て衣食を充《み》たすべし。』

富杼等は博麻の計により天朝に通ずるを得る」〈『日本書紀』巻三十、持統四年十月二十二日条〉

百済再興戦の際、朝鮮半島から帰国できずに難儀していたところ、部下の大伴博麻《はかま》が自己犠牲の精神で奴隷となり、その金で「天朝に通ずるを得」た土師富杼《はじほど》、氷老《ひのおゆ》、薩夜麻《さちやま》、弓削元宝《ゆげげんぽう》の子の四人は無事に帰国した。従って西暦六七一年の記事に見える薩夜麻《さちやま》は百済再興戦で朝鮮半島に渡海し、帰国後、今度は郭務悰《かくむそう》と共に再来訪したことになる。

この時、郭務悰の唐兵は防人と交戦した。二年前、郭務悰が同数の兵で来訪した時、防人との小競り合いはなかった。筑紫都督府が健在であればこのような事態には陥っていないはずである。

郭務悰が死守すべき筑紫都督府を退去したこと、唐兵と防人の関係が悪化していること、この二つの事実が意味するのは筑紫都督府の崩壊である。

また郭務悰が二千の兵で再来訪したのは筑紫都督府の奪還のためである。六百の兵に送使の千四百を補充し、合計二千で来訪したのは、筑紫都督府を退去する際、千四百の兵を失ったからである。

つまり唐羅戦争の勃発と同時に日本国は筑紫都督府と開戦し、その巻き添えを食らった郭務悰は千四百の兵を失い、筑紫から退去した。

郭務悰は二千の兵で筑紫都督府を奪還できるとは思っていなかったはずである。しかし羈縻政策では傀儡とはいえ大義名分としてその国の王を擁しており、奪還のための切り札として筑紫都督を同伴しているのであれば話は別である。

郭務悰の船には四人の倭人が乗船していた。沙門道久、筑紫君《きみ》薩野馬、韓嶋勝《すぐり》娑婆、布師首《おびと》磐である。この中で氏姓制度における最高位は「君」姓の筑紫君薩夜麻である。

薩夜麻は『日本書紀』持統紀では「薩夜麻」と記されているが、天智紀では「薩野馬」と蔑称されている。「野」も「馬」も蔑字である。しかし薩夜麻は『日本書紀』に僅か二回しか出現していない上、百済再興戦の際、朝鮮半島にまで出陣した功労者である。その人物に蔑字を宛てるのは、この人物が日本国から嫌悪されていたからに他ならない。

郭務悰が筑紫都督府奪還のために同伴し、日本国が嫌悪する人物は一人しかいない。

長津天皇である。

筑紫君薩夜麻は筑紫都督・長津天皇であり、郭務悰は長津天皇を奉じて筑紫に来訪し、筑紫都督府を奪還しようと試みたのである。

筑紫君薩夜麻が長津天皇とすると、百済再興戦の際、長津天皇は朝鮮半島に渡海し、前線で指揮していたことになる。

長津天皇は、白村江の敗北後、撤退を余儀なくされ、衣服も兵糧もない状況の中、唐の追及から遁れるため逃亡の日々を送っていたが、「唐人の計」を聞き、急ぎ帰国する必要に迫られた。これは百済人祢軍の墓誌より推測するに、倭国を取り潰し、日本国を代表主権国家と見なすことだったと考える。そのため長津天皇は大伴部博麻を奴隷として売った金で帰国し、祢軍の説得を受け入れて唐に臣従し、筑紫都督として唐の冊封体制に組み込まれることを選択した。

三、筑紫都督府攻略

国内には七世紀に築城され、『日本書紀』に記録が残らない朝鮮式山城が存在する。その中の一つに、吉備国に築城された鬼ノ城（岡山県総社市）がある。鬼ノ城は記録に残らない方が不思議な規模の大城塞である。

吉備国は元来、日本国（近江朝廷）ではなく、大海人皇子、即ち倭国に味方していた。

［その筑紫大宰栗隈《くりくま》王と、吉備国守当摩公広嶋と、二人、元より大皇弟に隷《つ》くこと有り。」〈『日本書紀』

巻二十八、天武元年条〉

『日本書紀』は日本国の正史であるため、倭国に味方した吉備国の鬼ノ城は『日本書紀』に記載されなかったと考える。

筑紫都督府は、東アジア周辺国の都護府、都督府と同様の目的で設置された唐の間接統治のための機関であり、皇帝を称し長年独立を保ってきた倭国の皇族、廷臣にとって屈辱以外の何物でもなかった。

白村江の大敗後、朝鮮半島から撤退した倭国の軍勢に、前線で指揮を執った長津天皇の姿はなかった。皇太弟の大海人皇子は唐と徹底抗戦の道を選び、倭軍の残党や百済遺民を連れて東国に逃れた。

これを裏付けるのが百済再興戦に参戦した安曇比羅夫《あずみひらふ》が長野県安曇野市の穂高神社に祀られていることである。安曇氏は阿曇氏とも言い、安曇氏の祖神である綿津見神は志賀海神社（福岡県福岡市）に祀られている。

安曇氏は海の氏族である。それが長野県の山奥に逃れたのは『百済人祢軍墓誌』に記されているように、「時に日本の余噍《よしゅう》が扶桑に拠りて、以て誅を逋《のが》れる」ような事情が発生したからである。

百済再興戦に参戦した安曇氏は他の倭軍とともに東国に移住し、唐の侵攻に備えた。この倭軍を指揮したのは皇太弟の大海人皇子である。ところが朝鮮半島内で帰国できずに難儀していた長津天皇が大伴博麻《はかま》を奴隷として売り払った金で筑紫に帰還し唐に臣従すると、東国に逃れた大海人皇子と倭国の残党は孤立し、やむなく天智天皇の許に身を寄せることとなった。

天智天皇は大海人皇子を皇太弟として迎え入れ、長津天皇と対立した。折しも新羅が唐に対する共闘作戦を持ちかけてきたため、天智天皇は蘇我赤兄を筑紫率に任命し、筑紫都督府に対する撹乱工作を実行させた。

その後、新羅は熊津都督府攻略を開始し、日本国もまた筑紫都督府に対して進軍を開始した。この時、前線の指揮を執ったのは大海人皇子である。売国奴として嫌悪された長津天皇からは数多くの部下が大海人皇子に寝返った。その結果、筑紫都督府は大した抵抗もできずに陥落し、長津天皇は郭務悰とともに国外に逃れた。

日本国は筑紫に大宰府を設置し、海岸には防人を配備し唐の反攻に備えた。

その頃、熊津都督府に帰還した郭務悰は筑紫都督府の再奪還を命じられ、長津天皇とともに筑紫に向かった。

その一ヶ月後、天智天皇が崩御した。

天智天皇は崩御の際、大海人皇子の粛清を思い立った。『日本書紀』にはその動機について天智天皇の第一皇子・大友皇子に譲位するためとあるが、最大の理由は大海人皇子が長津天皇と結託することを危惧したからである。

そもそも大海人皇子には日本国の元首として行動する保証が全くなかった。このことは日本国に出仕していた廷臣も同じ考えであった。大海人皇子は粛清から免れるため出家したが、日本国の廷臣は出家しても大海人皇子を次のように評し、畏怖した。

［虎に翼を着せて之を放つ］〈『日本書紀』巻二十八、天智十年十月条〉

大海人皇子は白村江の敗戦後、徹底抗戦の道を選び、数多くの人士と艱苦を共にした。大海人皇子に対する人望は高く、筑紫都督府攻略の際には数多くの人士が大海人皇子に味方した。

その人物が今度は倭国の側に立ち、日本国と敵対するのである。日本国の廷臣が大海人皇子を畏怖するのは当然であった。

この内訌は大海人皇子と大友皇子の皇位争いのような類のものではない。倭国と日本国の覇権を賭けた戦いであった。

ここまでの流れを整理する。

白鳳五年（西暦六六五年）十二月、唐国で泰山封禅の儀。
　　　　　　　　　　　　　　　日本国、坂合部石積らを唐国に派遣。
白鳳六年（西暦六六六年）三月、日本国、近江に遷都。
白鳳七年（西暦六六七年）一月、日本国の開別皇子（天智天皇）が即位。
　　　　　　　　　　　　　　（一説には西暦六六六年三月）
白鳳八年（西暦六六八年）
　　　　　　　　　　　　十一月、日本国の坂合部石積らが唐国より帰還。
　　　　　　　　　　　　唐国、高句麗国を滅ぼす。

白鳳九年（西暦六六九年）

九月、新羅国、日本国に遣使。

日本国の中臣鎌足、新羅国の金庾信に船を贈る。

二月、旧・高句麗国の安勝王子が新羅国に帰順。

新羅国の援助を受けた安勝王子は唐国に対して叛乱を起こす。

九月、新羅国、日本国に遣使。

白鳳十年（西暦六七〇年）

一月、日本国は蘇我赤兄を筑紫率に任命する。

倭国は河内鯨らを唐国に派遣。

唐国の郭務悰が二千の兵で倭国に赴任。

八月、日本国の天智天皇が高安嶺の城塞を修復しようとしたが中止する。

白鳳十一年（西暦六七一年）

一月、新羅国が唐国領の熊津を攻撃。

この頃、日本国は筑紫都督府を陥落させる。

十一月、唐国の郭務悰が二千の兵で筑紫に来訪。

十二月、日本国の天智天皇が崩御。

四、壬申の乱の真実

日本国（近江朝廷）と大海人皇子は一触即発の状況にあった。壬申の乱勃発以前の大海人皇子の功績は『日本書紀』にほとんど記載されていないが、大海人皇子は倭国の皇太弟であり、白村江の敗戦後、数多くの苦難を多くの人士と共に乗り越えた人傑であった。

日本国は大海人皇子を警戒していたが、大海人皇子も同じく日本国の動向を常に観察し、不測の事態に備えていた。

この両者の間には猜疑心が渦巻いており、些細な疑惑が不信感を増大させ、それが大海人皇子の脱走と反攻に繋がった。

［この月、朴井《そのい》連雄君《おきみ》は天皇に奏して曰く、『臣、私事あることを以て、独り美濃に至る。時に朝庭は美濃、尾張の両国司に宣して曰く、山陵を造るため、予め人夫を差定す。則ち人を別けて兵を執らしむ。臣以為《おもえらむ》に、山陵のために非ず、必ずや有事なるかな。若し早く避けずんば当《まさ》に危うきことあるか。』］〈『日本書紀』巻二十八、天武元年五月条〉

朴井雄君の忠告を聞き入れた大海人皇子は伊勢に逃れ、そこで東国の兵を招集した。東国には白村江の敗戦後、筑紫を落ち延びた倭国の歴戦の勇士がいた。大海人皇子は第一皇子の高市皇子に東国の兵士を指揮させた。

一方、日本国は大戦の経験がなく、大海人皇子の脱走を聞くと恐怖で混乱した。

［この時、近江朝は大皇弟の東国に入るを聞き、その群臣は悉《ことごと》く愕《おのの》き、京内は震動す。或いは遁れて東国に入らんと欲し、或いは退き、将《まさ》に山沢に匿《かく》れんとす。］〈『日本書紀』巻二十八、天武元年六月条〉

日本国は山部王、蘇我果安、巨勢臣比等に数万の軍勢を与えて大海人皇子を迎撃させたが、進軍途中で内部崩壊し、自滅した。

［時に近江は山部王、蘇賀臣果安、巨勢臣比等に命じ、数万の衆を率いて将《まさ》に不破を襲しめんとして犬上の川浜に軍《いくさ》す。山部王は蘇賀臣果安・巨勢臣比等の為に殺さる。これより乱れ、以て軍は進めず。乃ち蘇賀臣果安は犬上より返し、頸を刺して死す。］〈『日本書紀』巻二十八、天武元年六月条〉

山部王は敏達天皇の皇孫に当たり、大海人皇子と同じ皇統である。日本軍が山部王の内通を疑ったのも無理な話ではない。蘇賀果安と巨勢比等は猜疑心により山部王を殺害したが、しかしそれは内部崩壊を早めただけであり、その後、日本軍は連敗し、敗北を悟った大友皇子は山中に入り自害した。

大友皇子の自害により日本国は滅亡した。

日本国の滅亡により唐羅戦争の帰趨も決した。新羅は戦況の不利を悟り、西暦六七二年九月、唐に謝罪した。

「(九月) 遂に級飡原川《きゅうさんがんせん》、奈麻《なま》辺《べ》山、及び兵船を留めし所の郎将、鉗耳《けんじ》大侯、莱州《らいしゅう》司馬王芸《おうげい》、本烈州長史王益《おうえき》、熊州都督府司馬祢軍《でいぐん》、曽山司馬法聴《ほうそう》、軍士一百七十人を遣わし、上表して罪を乞う。」〈『三国史記』新羅本紀、文武王十二年九月〉

壬申の乱の勝敗の帰趨は倭国と日本国だけでなく、唐と新羅の勝敗にも影響を与えたのである。

壬申の乱後、倭国を統一した大海人皇子は飛鳥浄御原宮にて即位した。漢詩号は天武である。

「二月の丁巳の朔癸未《(二十六日)》、天皇有司に命じて壇場を設け、飛鳥浄御原宮にて帝位に即く。正妃を立てて皇后と為す。」〈『日本書紀』巻二十九、天武元年二月二十六日条〉

『日本書紀』によれば、天武天皇は律令制定に向けた準備(西暦六八一年)を始め、銅銭の発行による流通市場の改革(西暦六八三年)、八色の姓(西暦六八四年)による身分制度の見直し、冠位四十八階の導入(西暦六八五年)などの改革に着手し、在位十五年で崩御する。

天武天皇の施策の多くは『続日本紀』の時代の礎石となっており、その功績は歴代の天皇の中でも群を抜く。ところがこの偉大な天皇の皇子たちは誰一人即位できなかった。

天武天皇の崩御後、妃の鸕野讃良皇后（持統天皇）が即位した。

西暦六九七年、持統天皇は孫の文武天皇（父・草壁皇子は親王位）に譲位したが、文武天皇は二世王（諸王）である。親王位の天武天皇の皇子を差し置いての即位であった。

文武天皇が治世十年で崩御すると、今度は文武天皇の母元明天皇が即位した。天智天皇の皇女であり、持統天皇の異母妹でもある元明天皇は持統天皇のように壬申の乱に貢献したわけではない。また元明天皇は天武天皇が滅ぼした近江朝廷の皇族でもあった。それを天武天皇の皇子が認めたことが極めて異常であった。

この後、元正天皇（文武天皇の姉）、聖武天皇（文武天皇の子）と皇位は継承され、聖武天皇の御代に天武天皇の皇子の中で最も長命だった新田部皇子が薨去したことで、天武天皇の皇子は誰一人即位することなく終わった。

このように偉大な功績を残した天武天皇の皇子がここまで即位を見送られた事情について、長津天皇と、天武天皇の関係に着目し考察する。

天武天皇の時代、筑紫への関心が他の時代よりも高まっていた。それは『日本書紀』天武紀下（巻二十九）に「筑紫」という単語が全巻を通して四十七回と最も多く出現するからである。その次に多いのが持統紀（巻三十）の二十二回であり、それ以外は各巻、十回前後の出現度である。

これは決して偶然ではなく、長津天皇と関係がある。

これまで説明してきたように長津天皇は筑紫都督であり、壬申の乱の成功の裏には唐の支援を受けた長津天皇の存在があった。従って壬申の乱後、唐は筑紫都督府を再興し、長津天皇を元通り筑紫都督に任命した。しかし壬申の乱における天武天皇の功績は決して小さくなく、天武天皇は近江朝廷の支配領域である畿内周辺を統治した。天武天皇の地盤はそのまま妃の持統天皇に承継されたため、天武天皇が飛鳥浄御原で即位し、畿内周辺を統治したこと自体、疑いの余地はない。

問題は長津天皇と天武天皇の関係である。

天武九年（西暦六八〇年）、新羅使が来訪した時のことである。新羅使を饗応した場所が飛鳥や難波ではなく、筑紫であった。

「（四月）己巳《二十五日》、新羅の使人、項那《ごうな》等を筑紫に饗す」〈『日本書紀』巻二十九、天武九年四月二十五日条〉

飛鳥が国都であるならば新羅使は飛鳥に足を運んだはずである。それをしなかったのは筑紫には筑紫都督・長津天皇がおり、筑紫で事足りたからである。

このことは倭国の代表者は長津天皇であり、天武天皇ではなかったことを意味する。

天武天皇が倭国の元首でなかったことは在位期間中、廷臣を誰一人昇進させなかったことからも説明がつく。

天武十四年（西暦六八五年）、浄広肆（従三位相当）の三野王が薨去した後、誰も昇進しなかったため正広肆（従三位相当）の百済王善光が群臣筆頭となった。百済王善光は亡国百済の王子であり、この時点でその冠位は浄広壱（正四位下相当）の皇太子・草壁皇子の上位にあった。

亡国の王子が皇太子よりも優遇される官位制などあり得ず、このことから天武天皇には人事権がなかったと考える。

そもそも人事権を持たない天皇位などあり得ない。

人事権を揮ったのは天武天皇ではなく長津天皇である。

『日本書紀』の編者は長津天皇とその廷臣、皇族の事績を日本国の廷臣、または皇族の記録に転用、または改竄して記録から抹殺した。そのため本来は百済王善光の上位にいた倭国の左大臣や右大臣がいたはずだが抹殺されたため、このような不可解な人事となったのである。

結論として、長津天皇と天武天皇は壬申の乱後、兄弟統治で倭国を運営していた。この時の傀儡の天兄王は天武天皇であり、実権を握った日弟王は長津天皇であった。そのため天武天皇の皇子は親王ではなく格付けの低い二世王となり、最後まで即位を見送られたのである。

第八章　倭国滅亡

一、天武天皇崩御と朱鳥改元

西暦六八三年、唐の高宗が崩御した。高宗の晩年は后の武照の専横に苛まれており、高宗の崩御後、子の李顕《りけん》（中宗）が翌年（西暦六八四年）即位したが、中宗は生母の武照《ぶしょう》と反目したため、二ヶ月足らずで退位させられた。

その頃、倭国では白鳳から朱雀に改元された。二中暦年号によれば西暦六八四年の出来事である。白鳳年号は西暦六六一年以来、二十三年間改元されなかった。その理由は倭国が唐の傘下の筑紫都督府であった時期、使用することができなかったからである。それがこの年、唐国内の混乱を尻目に倭国は唐からの独立を宣言し、朱雀改元が執り行われた。

朱雀年号は僅か二年で朱鳥に改元された。

「戊午、改元して曰く、朱鳥元年なり。（割注。朱鳥は此れ阿訶美苔利《あかみとり》と云う）」〈『日本書紀』巻

二十九、天武十五年七月二十日条〉

この朱鳥改元には二つの疑問がある。一つ目の疑問は、天武天皇の生前に改元の儀が執り行われたことである。(『日本書紀』によれば天武天皇の崩御は西暦六八六年九月十一日である)

二つ目の疑問は朱鳥年号が天武天皇の崩御後、九年間も使用されていることである。第三章で説明したように、前代の年号を使用し続けること自体、前例のないことである。それに崩御間際の天皇が次代の天皇のために年号を先立って改元するなど、こちらも前例がない。

朱雀年号は倭国独立の象徴であった。その年号を、朱雀年号を制定した天皇(本書では長津天皇)自身が生前に改元するとは考えられない。

朱鳥改元は、長津天皇の崩御後、即位した皇太子により行われたものと考えるのが自然である。

この改元を執り行ったのは天武天皇ではなく、倭国である。

皇太子の即位について『日本書紀』は次のように記している。

[癸丑、勅して曰く、天下の事、大小を問わず、悉《ことごと》く皇后及び皇太子に啓《もう》すべし。」〈『日本書紀』巻二十九、天武十五年七月十五日条〉

『日本書紀』によれば、天武天皇は崩御の間際にこの宣旨を下し、皇后(鸕野讃良《うののさらら》皇后)と皇太子(草壁皇子)に天下の大小の事を託したという。この時の皇太子は草壁皇子である。

ところが天武天皇の崩御後、草壁皇子は即位せず、妃の鸕野讃良皇后が称制を敷いた。

「朱鳥元年九月の戊戌の朔丙午《（九日）》、天渟中原瀛真人天皇が崩ず。皇后は朝に臨み、称制す。」〈『日本書紀』巻三十、持統一年九月九日条〉

『日本書紀』の記述に従うと、鸕野讃良皇后は宣旨を無視したばかりか、我が子の即位を妨害する行為を自ら行ったことになる。しかし鸕野讃良皇后には我が子の即位を妨げる動機がない。仮に鸕野讃良皇后が自身の登極を望む程、権力に固執していたのであれば、孫の軽皇子（後の文武天皇）に譲位しなかったはずである。

天武天皇の宣旨にはもう一つ不可解な点がある。それは、天武天皇は第三皇子の大津皇子を重用し、皇太子（草壁皇子）の能力をそれほど高く買っていなかったことである。

天武天皇の在位中、草壁皇子を差し置いて大津皇子が朝政に参加したことを記す記事が『日本書紀』に残されている。

「二月の己未の朔、大津皇子、始めて朝政を聴く」〈『日本書紀』巻二十九、天武十二年二月一日条〉

大津皇子の朝政参加の記事はあっても草壁皇子にこのような記録はない。天武天皇が草壁皇子を皇太子に指名したのは実力を認めていたからではなく、長幼の序に従ったからである。

そのような理由で年長者の草壁皇子を後継者に指名するのであれば、「大小を問わず、悉く皇后及び皇太子に啓すべし」とは遺詔せず、大津皇子に皇太子を輔弼するように遺詔するはずである。それをしなかったのは、この宣旨が天武天皇ではなく、長津天皇が発令したものだからである。

長津天皇の崩御後、皇后の補佐の許皇太子が即位した。

この皇太子は父と同じように筑紫に都を置いた。本書では便宜上、筑紫天皇と呼ぶ。

朱鳥年号への改元はこの時に行われた。

その二ヶ月後、長津天皇の後を追うように天武天皇が崩御した。

二、『那須国造石碑』の永昌年号についての考察

栃木県太田原市の『那須国造石碑』には飛鳥浄御原朝が唐の永昌年号を使用していたことが記されている。
[永昌元年己丑四月、飛鳥浄御原大宮。那須国造、追大壱の那須直韋提《いだい》は評督を賜る」（『那須国造碑』）
永昌元年（西暦六八九年）は僅か一年しか使用されなかった唐の年号であり、天武天皇は西暦

六八六年に崩御しているため、この碑文は后の鸕野讃良皇妃（持統天皇）の御代を生きた那須国造・那須韋提の事績を綴ったものとなる。

『万葉集』四十四歌の補記に朱鳥六年（西暦六九一年）の記事があることから、那須直韋提が評督を下賜された年、倭国では朱鳥年号が使用されていた。

［右は日本紀に曰く、「朱鳥六年（西暦六九一年）壬辰の春三月丙寅の朔の戊辰（三日）、浄広肆広瀬王等を以て留守官と為す。（略）」］〈『万葉集』四十四歌〉

　このように自前の年号である「朱鳥」年号と、唐の「永昌」年号という、相反する年号が倭国には存在していたわけだが、二つの年号を一つの主権国家が使い分けることなどあり得ないことである。仮に表面上、唐に臣従するために永昌年号を使用したのであれば、『那須国造碑』には建前の「永昌」ではなく、実質使用していた「朱鳥」を刻むはずである。

　それをしなかったのは、実際に永昌年号を飛鳥浄原朝が使用していたからである。

　このことは飛鳥浄御原朝が倭国から独立したことを意味する。

　問題は誰が唐の年号に切り替えたのか、である。

　第七章でも述べたが、『日本書紀』によればこの時期の公卿百官の最上位は亡国の王子・百済王善光（正広肆。従三位相当）であった。百済王善光はあろうことか、皇太子・草壁皇子（浄広壱。正四位下相当）よりも上位の冠位にあった。

ところがこの状況は西暦六九〇年に即位した持統天皇の代で解消された。持統天皇は即位後、丹比真人を正広参（正三位相当）に叙任した。これにより群臣筆頭は丹比真人となり、以後、西暦七〇〇年までの間に阿倍御主人、大伴御行、石上麻呂、藤原不比等が百済王善光よりも上位の冠位に昇進した。

このことから人事権を揮うことができた持統天皇が倭国と袂を分かったと考える。

持統天皇は積極的に近江朝廷の旧臣を登用した。その中でも特異な存在は石上麻呂である。石上麻呂は近江朝廷滅亡時、大友皇子の自害を見届けた人物である。持統天皇が即位した時は直広参（正五位下相当）であったが、そこから僅か十年で正広参（正三位相当）に昇進した。これ程有能な石上麻呂が天武天皇に登用されなかったのは、近江朝廷の旧臣だったからである。

石上麻呂のように倭国で冷遇された近江朝廷の旧臣は数多くいた。

鵜野讃良皇妃（持統天皇）は天武天皇の崩御後、近江朝廷の旧臣と共にクーデターを起こし、倭国と袂を分かったのである。

そのクーデターとは大津皇子の変である。

三、大津皇子の変

天武天皇が崩御した翌月（十月）、大津皇子が謀反の嫌疑により逮捕された。この事件について『日本書紀』は次のように記している。

「冬十月の戊辰の朔己巳（二日）、皇子大津の謀反が発覚す。皇子大津を逮捕し、幷《あわせ》て皇子大津の為に詿誤《かいご》せられし所の、直広肆八口朝臣音橿《をとかし》、小山下壱伎連博徳《はかとこ》、大舎人中臣朝臣臣麻呂、巨勢朝臣多益須《たやす》、新羅沙門行心《こうじん》、及び帳内礪杵道作《ときみちつくり》等、三十余人を捕える。」〈『日本書紀』巻三十、持統称制十月二日条〉

大津皇子は鸕野讃良皇妃の姉、大田皇女の腹から生まれた皇子である。『日本書紀』持統紀によれば「皇子大津、天渟中原瀛眞人天皇第三子なり」とあり、天武天皇の第三皇子と記されており、西暦六八五年に冠位四十八階が制定された時、草壁皇子は浄広壱（正四位下相当）に叙任されたのに対して、大津皇子の冠位は浄大弐（従四位上相当）であり、出世競争では草壁皇子に一歩出遅れていた。天武天皇の皇太子は草壁皇子である。従って天武天皇の崩御後、草壁皇子がその遺領、即ち天兄王家を継承するはずであった。

しかし大津皇子はこれに異を唱えた。『日本書紀』はその理由について何も記していないが、優れた歌人であった大津皇子は奈良時代に編纂された漢詩集『懐風藻』に採録されており、その前書きにこの事件の背景が詳述されている。

［皇子は浄御原の帝の長子なり。（略）時に新羅の僧行心というものあり、天文卜筮を解す。皇子に詔げて曰く、「太子の骨法これ人臣の相にあらず、これをもって久しく下位に在るは恐らくは身を全うせざらん」と。よりて逆謀を進む。］〈『懐風藻』大津皇子〉

「浄御原の帝」とは飛鳥浄御原に都を置いた天武天皇を指し、『懐風藻』は大津皇子を天武天皇の第一皇子であったとしている。

天武天皇が崩御した時、皇位継承権は皇太子・草壁皇子以外に、第一皇子の大津皇子も有していたことになる。

この皇位継承争いは天武天皇という後ろ盾を失った大津皇子が不利だった。それは大津皇子の母・大田姫皇女が亡くなっていたことが大きかった。

この時、大津皇子の許に新羅の行心という僧侶が訪れ、

「貴公の人相はとても人臣のものではありません。長らく下位に甘んじていれば恐らく身を全うすることはできないでしょう」

と言った。

大津皇子が皇位を継承するには草壁皇子ではなく、その後ろ盾である鸕野讃良皇妃を弑殺するのが

確実な方法であった。

この計画に賛同したのは八口朝臣音橿、伊吉博徳、中臣意美麻呂（臣麻呂）、巨勢多益須である。ところが大津皇子の友人であった河島皇子はこの計画を耳にすると、鸕野讚良皇妃に密告した。河島皇子は天智天皇の第二皇子であり、大津皇子とは叔父・甥の関係であった。

河島皇子について『懐風藻』は次のように記す。

「皇子は淡海帝の第二子なり。志懐温裕《おんゆう》、局量弘雅《こうが》、はじめ大津皇子と莫逆《ばくぎゃく》の契りをなし、津の逆を謀るにおよびて、島すなわち変を告ぐ。朝廷その忠正を嘉《よみ》し、朋友その才情を薄んず。」〈『懐風藻』河島皇子〉

河島皇子の密告を受けた鸕野讚良皇妃は大津皇子を逮捕し、大津皇子に自害を促した。

この功績で河島皇子は鸕野讚良皇妃から忠臣として称賛されたが、『懐風藻』には、大津皇子と莫逆の契りを交わしていながら裏切った河島皇子を友人は薄情だと記している。

ここで注視する点は、大津皇子の支持者に伊吉博徳がいることである。伊吉博徳は西暦六五九年に日本国の遣唐使として渡唐した人物である。

近江朝廷の旧臣であった伊吉博徳が大津皇子に味方したということは、近江朝廷の旧臣の中でも大津皇子派と草壁皇子派に分裂していたことになる。

中臣意美麻呂も同じである。藤原鎌足の娘婿であり、藤原不比等の保護者であった中臣意美麻呂は藤原不比等と派閥を異にしていた。

ここに大津皇子の自害後、皇太子の草壁皇子が天武天皇の後を継げなかった理由がある。それは草壁皇子が即位したのでは、大津皇子に味方した近江朝廷の旧臣の支持が得られなかったからである。その点、天智天皇の皇女である鸕野讃良皇妃であればこの両派を束ねることに問題はなかった。

鸕野讃良皇妃は近江朝廷の旧臣に擁立される形で称制を敷いた。

近江朝廷の旧臣は日本国再興と倭国打倒を本願としていた。それは天智天皇の皇子である河島皇子も同じであった。

河島皇子は壬申の乱で近江朝廷が滅亡した後、天武天皇に庇護されて育った。河島皇子は大津皇子と莫逆の仲であったというが、大津皇子が謀反、即ち鸕野讃良皇妃の弑逆を計画した時、それを諫めたと思われる。

河島皇子にとって大津皇子の謀反が成功しても倭国が滅ぶわけではなく、自身の境遇は何ら変わらない。しかし草壁皇子が即位すれば、その後ろ盾の鸕野讃良皇妃が日本国を再興し、天智天皇の名誉は回復され、河島皇子を取り巻く環境も改善される。

その希望の芽を摘み取ろうとしていた大津皇子を河島皇子が諫めるのは当然であった。

しかし大津皇子は聞き入れなかった。

そこでやむなく河島皇子は友を売った。そこには大津皇子との友誼を捨ててでも捧げるべき価値があった。

すべては日本国再興と倭国打倒のためであった。

この事件で大津皇子が自害した後、鸕野讃良皇妃は称制を敷いた。大津皇子の謀反に加わった廷臣は許されたが、新羅の僧侶・行心だけは許されず、飛騨国に配流されたという。

天兄王家を継承した鸕野讃良皇妃は倭国が制定した朱鳥年号を捨てて、唐の年号を採用した。倭国が敵対した唐に味方すると宣言することで、倭国を東西から攻撃するためである。

その後、各地の国造、評督の取り込みに注力し、倭国に圧力を加えた。

『那須国造碑』の碑文に刻まれた那須直韋提も飛鳥浄御原朝に鞍替えした一人である。

那須直韋提は一族の多くが危惧する中、建国間もない日本国・飛鳥浄御原朝に味方することを決めた。

その結果、那須一族は倭国滅亡後も存続することができた。

『那須国造碑』によれば那須韋提は西暦七〇〇年に死去する。この年は倭国が滅亡した年でもある。

那須一族は勝ち馬に乗った韋提の英断を後世に伝えるため、石碑を建立した。

四、鸕野讃良皇妃の登極

那須国造のように飛鳥浄御原朝に鞍替えした者は他にもいた。

『日本書紀』持統紀にそのことを伺わせる記事がある。

「辛丑(二十一日)、伊予総領の田中朝臣法麻呂《のりまろ》等に詔して曰く、「讃吉国の御城郡にて獲る所の白燕を放ち養うべし」と宣す。」〈『日本書紀』巻三十、持統三年八月二十一日条〉

総領とは倭国の旧領に対して設置した執政官である。この時期、伊予国に総領を設置したということは、伊予国も飛鳥浄御原朝に鞍替えしたことを意味する。

この雪崩現象は倭国内を覆っていた厭戦気分に原因がある。

倭国は唐からの独立を宣言したものの、その結果、唐の脅威に晒されることになった。

倭国は本拠地の筑紫防衛のため、各地から大勢の兵士を防人として召集したが、防人の多くは唐との戦争を望んでいなかった。

白村江の敗戦以前の倭国は、戦争での死者の数は多くて数百人程度であった。当時、倭国は大戦争を経験したことがなかったため、天智天皇や藤原鎌足といった親唐派の意見に同調する人は少なかった。夜郎自大であったとも言える。

ところが白村江の敗戦では万単位の戦死者を出し、改めて戦争の凄惨さを肌で知った。唐と戦えば数多くの戦死者が出る。

そのような時期に唐の冊封体制下に入ることを宣言した日本国・飛鳥浄御原朝が誕生した。日本国は唐の年号を採用し、唐との協調路線をスローガンに掲げた。これはかつての日本国・近江朝廷の理念と同じであった。

今度は躊躇わなかった。各地の評督、国造は次々と日本国に鞍替えした。日本国の勢威は天を衝いた。これに乗じた鸕野讃良皇妃は称制から四年目の西暦六九〇年、登極した。漢諡号は「持統」である。（『宋史』には「総持」とある）

［四年春正月の戊寅朔《一日》、物部麻呂朝臣、大盾を樹てる。神祇伯中臣大嶋朝臣、天神寿詞を読む。畢《おわ》りて、忌部宿祢色夫知は神璽剣鏡を皇后に奉上する。皇后は天皇位に即く。］〈『日本書紀』巻三十、持統四年一月一日条〉

持統天皇は即位後、高市皇子を太政大臣に任命し、丹比真人を右大臣に任命した。

［庚辰《五日》、皇子高市を以て太政大臣と為す。正広参を以て丹比嶋真人に授け、右大臣と為す。幷て八省百寮、皆遷任す。］〈『日本書紀』巻三十、持統四年七月五日条〉

『日本書紀』天武紀には大臣任命の記事はなかったが、持統天皇は大臣を設置した。これは持統天皇が人事権を掌中にしたことを意味する。

この時、持統天皇は高市皇子を皇太子に立てた。実子の草壁皇子は三年前に薨去しており、心情的には孫の軽皇子（草壁皇子の遺児）であったが、天武天皇の皇子達を繋ぎ止めるためのやむを得ない措置であった。

高市皇子の立太子については『日本書紀』に記載はないが、『懐風藻』の注記にそれが窺える内容が記されている。

「（葛野王は）浄御原の帝の嫡孫にして浄太肆を授けられ、治部卿に拝せられる。高市皇子薨じて後、皇太后、王公卿士を禁中に引きて、日嗣を立てんことを謀る。」〈『懐風藻』葛野王〉

高市皇子の薨去後、持統天皇は次の日嗣の御子について群臣と協議した。これは高市皇子が日嗣の御子、即ち皇太子であったことを意味する。

高市皇子の立太子は持統天皇の登極と同時に行われたと考える。これは大海人皇子に仕えていた廷臣と近江朝廷の旧臣の融合を狙った施策でもあった。

五、持統天皇の伊勢行幸

持統六年（西暦六九二年）、持統天皇が群臣の反対を押し切って伊勢行幸を強行した記事が『日本書紀』持統紀に掲載されている。

〔二月の丁酉の朔丁未(十一日)、諸官に詔して曰く、当に三月三日を以て将に伊勢に幸す。『この意を知り、諸《もろもろ》の衣物を備えるべし』と宣す。陰陽博士沙門法蔵、道基に銀人二十両を賜う。乙卯(十九日)、刑部省に詔し、軽繋を赦す。この日、中納言直大弐三輪朝臣高市麻呂が上表し、敢えて直言し、天皇を諫争す。『伊勢に幸せんと欲すれば農時を妨げる』〕〈『日本書紀』巻三十、持統六年二月十一日、十九日条〉

この記事の問題点は、持統天皇が在位中に三十一回も吉野に行幸しているにも関わらず、大三輪高市麻呂が諫言しなかったことである。農作業の時期に飛鳥から伊勢まで行幸したことが問題であるならば、農作業の最中であっても頻繁に繰り返した吉野行幸についても大三輪高市麻呂は諫言するべきであったが、そうはしなかった。

実はこの問題について古田氏は著書『古代史の十字路』の中で、飛鳥から伊勢まで十日の行程なのに出立から到着まで二ヶ月を要していることへの疑問を指摘した上で『万葉集』四四歌の注記を引合いに出し、伊勢行幸は持統天皇の事績ではないとの説を唱えた。

〔日本紀に曰く、「朱鳥六年壬辰の春三月丙寅の朔の戊辰、浄広肆広瀬王等を以て留守官と為す。ここに、中納言三輪朝臣高市麻呂、その冠位を脱ぎて朝に擎《ささ》げ上げて、重ねて諫めて曰く、『農作の前に、車駕未だ以て動かすべからず』という。辛未、天皇諫めに従わはず、遂に伊勢に幸す。五月乙丑の朔の庚午、阿胡の行宮に御す」という。〕〈『万葉集』巻一、四四歌〉

古田氏の説によれば、『万葉集』に掲載される原本の日本紀は三月に出立し、五月に伊勢に到着したことになっているが、二ヶ月の道程は飛鳥から伊勢では考えられないため、この原注は筑紫王朝の事績について記述したものであると説いた。古田氏が唱えた筑紫王朝は四世紀の「倭の五王」の時代から連綿と続く倭国を想定しており、筆者が唱える長津天皇（葛城皇子）を擁する倭国と立場を異にしているが、この記事が「筑紫」の王朝の事績を記したものである点では一致している。

筑紫天皇は大三輪高市麻呂の諫言を無視してまで伊勢行幸を強行した。その目的は持統天皇に対するデモンストレーションである。

二年前に登極した持統天皇は各地の評督、国造を次々と傘下に加え、勢威を強めていた。そこで倭国はこのデモンストレーションで日本国を牽制しようと企んだ。

問題はそれを行なった時期であった。

大三輪高市麻呂は伊勢行幸の直前にもう一度諫言した。

「三月の丙寅の朔戊辰《三日》、（略）中納言大三輪朝臣高市麻呂、その冠位を脱ぎ、朝に擎《ささ》げ上げて、重ねて諫めて曰く、「農作の節、車駕未だ以て動かす可からず。」辛未《六日》、天皇諫めに従わず、遂に伊勢に幸す。」〈『日本書紀』巻三十、持統六年三月三日、六日条〉

倭国の若き天皇は大三輪高市麻呂の再三の諫言を聞き入れず、行幸を強行した。その結果、大三輪高市麻呂は退官し、日本国に仕官することとなった。

慶雲三年（西暦七〇六年）、大三輪高市麻呂は五十歳で世を去った。最終官位は従四位上である。これはこの年の大伴安麻呂と同じ官位である。

大伴安麻呂は直広参（正五位下相当）から昇進を重ね、その記録は『日本書紀』に残る。しかし大三輪高市麻呂の場合、『日本書紀』天武紀に直大肆（従五位下相当）として登場して以来、『続日本紀』（大宝二年正月十七日条）に従四位上として登場するまでの間、昇進の記録がない。

大三輪高市麻呂と大伴安麻呂の昇進の足取りは同じはずである。しかし大伴安麻呂には昇進の記録があり、大三輪高市麻呂にはその記録がないということは、『日本書紀』に記録がない期間、大三輪高市麻呂は倭国に出仕していたことを意味する。

倭国は評督や国造だけでなく、大三輪高市麻呂のような倭国の廷臣も日本国に鞍替えしていたのである。

ここまでの流れを整理する。

白鳳二十三年（西暦六八三年）　唐国の高宗が崩御。
この頃、倭国は唐国から独立する。

朱雀元年（西暦六八四年）　朱雀改元。

朱鳥元年（西暦六八六年）七月、倭国の長津天皇が崩御。

倭国の皇太子（名不詳）が即位。

朱鳥改元。

九月、日本国の天武天皇が崩御。

十月、日本国の大津皇子が謀反の嫌疑により自害する。

朱鳥五年（西暦六九〇年）一月、日本国の鸕野讚良皇后（持統天皇）が即位。

朱鳥七年（西暦六九二年）三月、倭国の天皇、伊勢行幸を強行。（『万葉集』が引用する『日本紀』によれば朱鳥六年）

倭国の大三輪高市麻呂が退官。

朱鳥十年（西暦六九五年）倭国の天皇が崩御。

六、新羅使強奪事件

二中歴年号によれば持統九年（西暦六九五年）、朱鳥から大化に改元され、この年の三月に新羅の金良琳《りょうりん》王子が来訪した。

「三月の戊申の朔己酉（二日）、新羅は王子金良琳《きんりょうりん》、補命薩飡朴強国《さつさんぼくごうこく》等、及び韓奈麻《かんなま》金周漢《きんしゅうかん》、金忠仙《きんちゅうせん》等を遣わ

し、国政を奏請し、且つ献物を進調す。」〈『日本書紀』巻三十、持統九年三月二日条〉

この新羅使の訪問先は日本国ではない。何故ならば新羅は天智天皇や大海人皇子（天武天皇）が崩御した際、国家間の最重要儀礼の一つである「弔問」において、低位の者しか日本国に派遣していなかったからである。

［五月の癸丑の朔甲戌《二十二日》、土師宿禰根麻呂に命じ、新羅弔使、級飡金道那等に詔して曰く、『（略）在昔《むかし》、難波宮にて天下を治めし天皇の崩ぜし時、巨勢稲持等を遣わし、喪を告ぐる日に、翳飡金春秋、勅を奉ず。而るを蘇判を用い勅を奉ると言うは、即ち前の事と違う。又、近江宮にて天下を治めし天皇の崩ずる時、一吉飡金薩儒等を遣はし弔を奉る。而るに今、級飡を以て弔を奉る。亦、前の事と違う。』」〈『日本書紀』巻三十、持統三年五月二十二日条〉

この記事は孝徳天皇が崩御した時、翳飡（序列二位）の金春秋が応対し、天智天皇が崩御した時は一吉飡（序列七位）の金薩儒が応対したのに、天武天皇の時はさらに低位の級飡（序列九位）の金道那が対応したことを持統天皇が憤慨したことを記したものである。

孝徳天皇は倭国分裂前の天皇であり、新羅は翳飡の金春秋（後の武烈王）が対応した。しかし倭国分裂後、天智天皇の崩御の際に新羅が派遣した弔使は一吉飡の金薩儒であり、新羅は王子級の要人を日本国に派遣しなかった。

その新羅が献物の進呈のために日本国を訪問するはずがない。

つまり持統九年三月二日の『日本書紀』の記事に記された新羅の王子・金良琳は日本国ではなく倭国を訪問したのである。

その目的は『日本書紀』に記載されているような献物の進呈ではない。

それを解明する鍵は『日本書紀』持統元年（西暦六八七年）九月の記事にある。

「甲申《二十三日》、新羅、王子金霜林、級飡金薩慕、及び級飡金仁述、大舎蘇陽信等を遣わし、国政を奏請す。且つ調賦を献ず。学問僧智隆、附して至る。筑紫大宰は便ち天皇の崩ぜしを霜林等に告げ、即日、霜林等は皆、喪服を着て東に向い三拝し、三発哭す。」〈『日本書紀』巻三十、持統元年九月二十三日条〉

『日本書紀』はこの記事を天武天皇への弔問として記載しているが、実際は長津天皇の弔問のためである。その根拠は、天武天皇の弔問のために新羅は日本国に王子を派遣していないからである。

同じことが持統九年（西暦六九五年）三月の記事に対しても言える。

新羅が王子を倭国に派遣したのは、長津天皇の崩御における弔問と同じく、倭国の天皇の弔問のためである。

その根拠はこの年に改元の儀が行われたことにある。

朱鳥から大化への改元、そして改元が行われた年に新羅から金良琳王子が来訪したこと、この二つの事実から推測されるのは、西暦六九五年に伊勢行幸を強行した若き倭国の筑紫天皇の崩御である。

後を継いだのは長津天皇の第二皇子か、筑紫天皇の遺児である。どちらにしても若年であることに変わりない。

日本国は近江朝廷の旧臣と持統天皇の政略により各地の国造、評督を傘下に加え、その勢威は止まる所を知らない。一方の倭国は相次ぐ天皇の崩御でその凋落に拍車がかかっていた。

倭国の凋落は誰の目にも明らかであった。日本国の廷臣は誰もが今ならば倭国を討伐できると思ったはずである。

しかし日本国は動かなかった。

動けなかったのである。

その理由は新羅と倭国が同盟していたことにあった。

新羅は壬申の乱後、唐に謝罪したが、再び離反し、最終的には朝鮮半島の統一を達成した。この時、倭国（筑紫都督府）は唐の冊封体制下にありながら新羅を攻撃しなかった。そのことから新羅と倭国は水面下で結託していたと思われる。

この関係は大化改元の年まで続いていた。その証拠が新羅王子の倭国来訪である。

日本国が倭国討伐を実行すれば、新羅が敵対する可能性があった。

倭国討伐を成功させるには新羅対策が不可欠である。そこで持統九年（西暦六九五年）九月、日本国は新羅に遣使した。

「庚戌《（六日）》、小野朝臣毛野等、新羅に発向す。」〈『日本書紀』巻三十、持統九年九月六日条〉

遣使の目的は新羅と倭国の断交であったが、小野毛野は目的を果たせなかった。当然である。朝鮮半島を支配した新羅は国力で言えば新興国の日本国を上回る。その日本国に命令される謂れはなかった。

ところが日本国はこれを強引に実現した。

二年後の西暦六九七年のことである。

［十一月癸卯（十一日）。務広肆坂本朝臣鹿田《しかた》、進大壱大倭《やまと》忌寸五百足《いおたり》を陸路より、務広肆土師《はじ》宿祢大麻呂、進広参習宜《すげ》連諸国《もろくに》を海路より遣わし、以て新羅の使を筑紫に迎える。］〈『続日本紀』巻一、文武元年十一月十一日条〉

この記事の疑問点は新羅使を筑紫から迎えるのに送迎使を陸路と海路に分けたことである。海路で迎えるのであれば陸路は不要である。海路と陸路を使用したのは水軍と陸軍を筑紫に派遣するためである。

日本国は筑紫に水軍と陸軍を派遣し、倭国を訪問した新羅使を強奪するという暴挙に出たのである。

日本国が強奪した新羅使について『続日本紀』は次のように記している。

［二年春正月の壬戌朔。天皇大極殿に御して、朝を受ける。文武の百寮及び新羅の朝貢使拝賀す。そ

の儀、常の如し」〈『続日本紀』巻一、文武二年正月一日条〉

　この朝貢使は日本国が筑紫から強奪した新羅使である。日本国は新羅使を倭国から強奪し、朝貢を強要し、拝賀させたのである。

　この後、日本国は新羅に遣使している。

［日本国使が至る。王は崇礼殿にて引見す。］〈『三国史記』新羅本紀、孝昭王七年三月条〉

　この遣使の目的は前回と同じである。当然ながら新羅は応じなかったが、これ以降、倭国にも遣使しなかった。

日本国は新羅との関係を悪化させたが、倭国と新羅の関係を断つことには成功した。

倭国討伐の条件が整った。

後は時期だけであった。

七、倭国滅亡

西暦六九六年、高市皇子が薨去した。高市皇子は長津天皇の甥であり、倭国の皇族でもある。『懐風藻』葛野王の前書きにあるように日嗣の御子（皇太子）であった高市皇子が薨去したため、持統天皇は孫の軽皇子を皇太子に立て、翌西暦六九七年、軽皇子（文武天皇）に譲位した。文武天皇は十五歳と若かったが、実権は持統上皇が握り、藤原不比等、石上麻呂などの有能な廷臣が補佐した。

西暦六九八年、日本国は倭国侵攻の準備に入った。

［丁未《二十日》。高安城を修理す。］〈『続日本紀』巻一、文武二年八月二十日条〉

高安城は壬申の乱後、放置されてきたが、筑紫討伐の前線基地として修理された。

高安城は翌年も修理される。

［九月丙寅《十五日》。高安城を修理す。］〈『続日本紀』巻一、文武三年九月十五日条〉

二年連続の改修作業の目的は次の記事により推測できる。

［辛未《二十日》。正大弐已下、無位已上の者をして人別に弓矢、甲桙及び兵馬を備えさせる。各々差あり。又、京畿に勅して同じく、亦、これを儲けさせる。］〈『続日本紀』巻一、文武三年九月二十日条〉

正大弐（正二位相当）以下とは丹比真人以下の廷臣ということであり、廷臣には各地の国造、評督も含まれるため、この勅令は日本国内から兵馬を集めたことを意味する。

畿内の人々に兵馬を供出させているが、これは畿内防衛の兵馬と考える。

高安城には倭国討伐に必要な武器、兵糧が日本全国から徴収され、備蓄された。

西暦七〇〇年二月、畿内の皇族に兵馬を準備させた。


［丁未。累《かさ》ねて王臣、京畿に勅し、戎具《じゅうぐ》を備えさせる。」〈『続日本紀』巻一、文武四年二月二十七日条〉

この記事は、前年までに集結させた軍勢を倭国に向けて出陣させたため、手薄になった畿内の防備を皇族や畿内の廷臣に防衛させたことを意味している。この記事により倭国討伐は二月に実行されたことが分かる。恐らく農作業に影響を与えない冬から春先にかけての軍事行動であった。

筑紫制圧は六月までに完了した。


［六月庚辰《（三日）》。薩末の比売は久売《くめ》、波豆《はず》、衣の評督、衣君県、助督の衣君弖自美《てじみ》。又肝衝難波《きもつきなにわ》は、肥人等を従えて兵を持して覓国使の刑部真木等を剽劫す。ここにおいて竺志惣領に勅し、犯に准じて罰を決す。」〈『続日本紀』巻一、文武四年六月三日条〉

この記事に登場する「竺志惣領」は筑紫占領後に置かれた総督である。このことから、六月には筑紫占領が完了していたと考える。また、この記事に記載されている「評督」についてだが、『日本書紀』は一貫して評の記事はなかったが、『続日本紀』ではこの記事のみ「評」を記載している。

「評」制が施行されたのは難波朝の頃である。

「難波朝廷が天下に評を立て給いし」〈『皇太神宮儀式帳』〉

難波朝の頃に施行された「評」制を『日本書紀』はすべて「郡」に改めた。その理由は、「評」制は日本国が敵対していた豊碕天皇の御代に制定された制度だからである。しかし『続日本紀』は、日本国としては認めないが、倭国とその残党が使用している分には隠蔽しない方針を取っていた。

この記事で興味深いのは「犯に准じて罰を決す」、つまり戦争ではなく、犯罪として取り扱ったことである。

「比売」は「姫」と同義である。日本軍による筑紫陥落後、倭国の王族は幼主を奉じて薩摩に撤退したと思われる。この時、倭国の実権を掌握していたのは長津天皇が後事を託した皇太后である。「薩末の比売」とはこの皇太后を指すと考える。

皇太后は「久売」「波豆」「衣」の評督を従えて反攻を試みたが、西暦七〇〇年十月には鎮圧されたと考える。

「己未（十五日）。直大壱石上朝臣麻呂を以て筑紫総領と為す。直広参小野朝臣毛野を大弐と為す。直広参波多朝臣牟後閉を周防総領と為す。直広参上毛野朝臣小足を吉備総領と為す。直広参百済王遠宝を常陸守と為す。」〈『続日本紀』巻一、文武四年十月十五日条〉

六月の時点では倭国を完全に制圧していたわけではなかったが、筑紫、周防、吉備、常陸にそれぞれ総領が設置された十月には戦争は完全に終結したと思われる。

翌年（西暦七〇一年）、論功行賞が行われ、数人の廷臣が昇進を遂げた。その中で四階級特進という破格の昇進を遂げた人物が二人いた。

一人は藤原不比等である。不比等は西暦七〇〇年に着手された律令編纂の功績により、直広壱（正四位下相当）から正広参（正三位相当）に昇進した。この官位は石上麻呂と同位であるが、石上麻呂が三階級特進であるのに対して、不比等は四階級特進という破格の抜擢であった。

もう一人は紀麻呂である。紀麻呂は直広弐（従四位下相当）から正広肆（従三位相当）に昇進した。こちらも不比等と同じく四階級特進であるが、『続日本紀』には昇進の理由が記載されていない。つまり記載できない功績により四階級特進の栄誉に預かったのである。

それは倭国討伐に他ならない。

紀麻呂は近江朝廷の重臣、紀大人《うし》の子である。西暦六九三年、数え年三十五歳の時に持統天皇に直広肆（従五位下相当）として登用され、倭国討伐が実行段階に入った西暦六九八年、直広弐（従四位下相当）に昇進する。この抜擢の背景には権門の出身であることに加え、軍事の才幹を見出され、倭国討伐における大将軍となることが決まっていたからだと推測される。

紀麻呂が倭国討伐戦を指揮し、倭国を滅亡させ、倭国と日本国の半世紀に及ぶ戦乱に終止符を打った。

『日本書紀』はこの戦乱を生み出した長津天皇（葛城皇子）を薩夜麻と蔑称した。「薩」は筑紫王朝の比売の逃亡先である「薩摩」の字を冠したものであり、「夜麻」は『万葉集』などでも用いられる「夜麻登《やまと》」より名付けられたものである。

「夜麻」は「野馬」とし、「薩野馬」と表記されることもある。「野」も「馬」も蔑字である。日本国はそれほどまで長津天皇を憎悪していた。

しかし長津天皇は蔑称されるような人物ではない。「天下立評」を始めとする中央集権国家としての礎石の確立したこと、「八色の姓」を始めとする氏姓制度の見直し、冠位十九階を始めとする冠位制度の確立等、倭国の政治を革新的に変えた稀有な才能の政治家であり、白村江の敗戦後、倭国を立て直し、何度敗北しても立ち上がった英雄でもある。

これほどの英雄を擁した倭国が長津天皇の崩御後、僅か十年余りで滅亡したのは英雄に依存した専制政治を敷いていたからである。

専制政治は大概後継者や補佐役が育たず、英雄の死後、崩壊する運命にある。かつて近江朝廷は天智天皇の崩御後、後継者の大友皇子が求心力を発揮できないまま滅亡した。倭国も同じく、長津天皇の崩御後、後継者やその側近が英雄への依存体質から脱却できないまま滅亡への道を辿ったのである。

その点、持統天皇は巧みに政権交代を行った。若年の文武天皇への譲位を断行しつつも、持統天皇自身が補佐することで次世代の政権移譲を遅滞なく実行した。

これにより天皇家は現在に至るまでその命脈を保ち続けることができた。日本の皇室が今日まで存続しているのはこの英断に負うところが大きいと考える。

大化年間の流れを整理する。

大化元年（西暦六九五年）三月頃、倭国の天皇が即位。
大化元年（西暦六九五年）　倭国の皇子（名不詳）が即位。
　大化改元。
　九月、日本国、小野毛野を新羅国に遣使。
大化二年（西暦六九六年）七月、日本国の皇太子（高市皇子）が薨去。
大化三年（西暦六九七年）八月、日本国の持統天皇が譲位。
　孫の軽皇子（文武天皇）が即位。
　十一月、日本国による新羅使強奪事件。
大化四年（西暦六九八年）八月、日本国、高安城を修復。
大化五年（西暦六九九年）九月、日本国、高安城を修復。
　日本国、軍備を整える。
大化六年（西暦七〇〇年）六月までに日本国は筑紫を占領。
　六月、倭国の比売らが挙兵。すぐに鎮圧される。

十月までに倭国の残党は掃討される。
倭国滅亡。

大宝元年（西暦七〇一年）
三月、日本国による大宝建元。
八月、日本国は高安城を廃城。

第九章　『日本書紀』の真実

一、倭国と日本国

『日本書紀』は養老四年（西暦七二〇年）に撰定された日本国の正史である。日本国は中国の正史『旧唐書』以降、列伝が立てられていることから、中国の歴代王朝から代表主権国家として認められていたことが分かる。しかし『旧唐書』以前は倭国の列伝が立てられており、日本列島の代表主権国家について『旧唐書』以前は倭国、それ以降は日本国という立場を取っていた。その理由について『旧唐書』は次のように記している。

「倭国自らその名の雅ならざるを悪み、改めて日本となすと。或いは云う、日本は旧小国なり。倭国の地を併せたり」〈『旧唐書』日本伝〉

古田武彦氏は著書『失われた九州王朝』の中で、倭国と日本国は別国であることを指摘し、『三国志』

魏志倭人伝に登場する卑弥呼は九州地方に割拠した邪馬壱国であり、『晋書』『宋書』『隋書』といった中国の正史に登場する倭国は邪馬壱国の後継として筑紫に割拠してきたこと、また神話と思われた神武天皇の東征は実話であり、倭王家の傍流であった神武天皇は畿内に東征し、そこに日本国を建国し、その日本国が西暦七〇〇年に倭国を併呑したという説を唱えた。

西暦七〇〇年の根拠は、藤原宮から出土された木簡より、西暦七〇〇年以前の木簡はいずれも各地の郡名を「郡」ではなく「評」で表記されていたという有名な「郡評制」論に基づいている。それまで地方の行政単位は「評」であったが、それを「郡」に一斉に変更したのは政治的に大きな変革があったからであり、その変革というのは日本国が倭国を滅亡させたことに他ならないとし、古田氏はこれをONラインと呼び、西暦七〇〇年を倭国滅亡の年と位置づけた。

ところが『旧唐書』は「倭国の地を併せたり」とは別に「その名の雅ならざるを悪み、改めて日本となす」という、併呑とは異なる理由を記しており、『旧唐書』の編纂者にとって倭国と日本国は同一なのか、それとも別国なのかが判断つかない状況にあった。従ってこの一文だけでは「倭国」と「日本国」を古田氏が唱えたように別国であると断定することはできない。

日本国とは何者なのか。これは日本の歴史だけでなく、日本のルーツに関わる問題である。『日本書紀』は一元史観を貫き、初代・神武天皇から第四十一代・持統天皇まで皇統が連綿と継承されたかのように記載している。しかしそれは『旧唐書』の「倭国と日本国は別国」とする立場と相反する。だからと言って確たる論証もなく『旧唐書』の記述を否定することは許されない。

この謎を解明しない限り、七世紀以前の日本の歴史は創作と言われても反論できない。

そのためには『日本書紀』が隠蔽してきた真実を解明し、七世紀以前の日本の歴史を復元する必要がある。

復元の手掛かりとして筆者が着目したのは壬申の乱である。この内乱に勝利した大海人皇子（天武天皇）の皇統は持統天皇、文武天皇と続き『続日本紀』以降の歴史に続く。

天武天皇が日本国の元首であったことは疑いようがない。

天武天皇の孫・文武天皇の治世四年目は倭国が滅亡したとされる年である。この年に倭国が滅亡したのであれば、何らかの痕跡が残されているはずである。

その手かがりとなったのは倭国滅亡の翌年に廃城となった高安城である。高安城は百済再興戦の敗戦後に築城され、壬申の乱後、一旦は廃城となったが、七世紀末に修復された。

問題はその修復時期である。

その頃、東アジアでは唐と新羅による朝鮮半島の覇権争い（唐羅戦争）が終結し、平穏であった。国外の脅威がないのに内陸の高安城は修復され、倭国滅亡の翌年（西暦七〇一年）に廃城となった。

このことから高安城修復の理由が国外ではなく、国内にあることが分かる。

文武天皇の即位後、高安城は修復された。これはその時期に倭国討伐の準備に入ったことを意味する。

また高安城が廃城となったのはその目的を達成したためである。

『続日本紀』に記録された高安城の修復と廃城が、僅かに残された倭国の痕跡であった。

ところがここで生じた疑問は、修復から三年で廃城したことである。

『旧唐書』によれば倭国は大国であり、「旧小国」の日本国が三年で倭国を征服するのは至難の技である。源平合戦で活躍した源義経が西日本に逃れた平家を討伐するのに約三年を要している。義経のような軍事的天才を擁して、漸く三年である。

ところが壬申の乱から二十年以上、日本列島は戦争から遠ざかっていた。このような状況下で軍事の天才が輩出するとは思えない。義経のような天才でも戦乱の中で経験を積んでいなければその才能が開花したとは思えない。軍事的天才が輩出できない環境下で日本国と倭国という異なる主権国家が戦争し、三年で倭国を圧倒するのは不可能に近い。

また古田氏が唱えたように、倭国と日本国は神武東征以来、本国と従属国に分離したのであれば、日本国の建国を畿内に巨大古墳が建造され始めた四世紀以降とすると、日本国は倭国から分立してから数百年の歳月を経ていたことになる。それだけ歳月を経れば、文化、流通、政体、民俗、何もかもが異なる国家が形成されていたと考えるのが自然である。それは倭国も同じである。しかも倭国には本国としての矜持がある。従属国の日本国に三年で降伏するとは考えられない。何年も、何十年でも徹底抗戦をするはずである。

確かに倭国は西暦七〇〇年以降、断続的に九州地方で中央政府に反旗を翻した。しかし日本国は倭国討伐のために修復した高安城を廃城にしているのである。これは明らかに日本国による終戦宣言であり、この時点で倭国は日本国に降伏したと考えるのが自然である。

このように考えていくと、倭国は日本国が三年で併呑可能な関係の国家であったことが分かる。それは日本国が倭国から分派してからほど遠くない関係にあることを意味する。

これは倭国と日本国の関係性を考える上での前提条件であった。

二、『日本書紀』と『続日本紀』を結ぶ「点と線」

倭国と日本国は分立してから日が浅い。それは『旧唐書』日本伝に「日本国は倭国の別種なり」と記載されている内容とも合致している。

裏を返せば、日本国の前身は倭国である。

『日本書紀』は倭国の存在を抹殺しているため、倭国であった頃の歴史と、倭国から分立した後の日本国の歴史を記述している。

『日本書紀』は持統天皇が孫の文武天皇に譲位した西暦六九七年七月までの記事を収録し、『続日本紀』はその後を受けて、孫の文武天皇の即位以後を取り扱っている。

『日本書紀』と『続日本紀』の間に王朝断絶はない。従って『日本書紀』に登場する人物は『続日本紀』でも登場しているはずである。特に『日本書紀』持統紀で詳述されるようになった廷臣の官位は『続日本紀』においても引き継がれているはずである。

ところが『日本書紀』登場する人物で不自然な昇進を遂げていた人物がいた。

それが第八章でも述べた大三輪高市麻呂である。

大三輪高市麻呂は『日本書紀』天武紀で直大肆（従五位上相当）として登場後、持統紀では中納言に任官していたが辞職し、『続日本紀』大宝二年（西暦七〇二年）に従四位上として再登場する。この間、昇進の記録はない。

『続日本紀』によれば、当時、従四位上に叙任されていたのは粟田真人である。

粟田真人の昇進は次の通りである。

小錦下（従五位下相当）『日本書紀』天武十一年（西暦六八一年）
直大肆（従五位上相当）『日本書紀』天武十五年（西暦六八五年）
直大弐（従四位上相当）『続日本紀』文武二年（西暦六九八年）

このように粟田真人は段階的に昇進しており、何一つ不自然な点はない。もう一例を上げるとすれば第八章で引き合いに出した大伴安麻呂である。

直広参（正五位下相当）『日本書紀』天武十五年（西暦六八五年）
直大弐（従四位上相当）『日本書紀』持統四年（西暦六九〇年）
直大壱（正四位上相当）『続日本紀』文武二年（西暦六九八年）
従三位『続日本紀』大宝元年（西暦七〇一年）

大伴安麻呂も段階的に昇進している。大三輪高市麻呂のように一足飛びに従三位に叙任されていない。

このように見ていくと大三輪高市麻呂が昇進の記録もないのに従四位上に叙任されたことがどれだけ異様であるか分かっていただけたと思う。それに大三輪高市麻呂は一度、持統天皇に諫言して辞職しているのである。その人物が再登用されたばかりか、上皇として実権を掌握している中、従四位上という高官に迎えられていること自体、道理に合わない。

ところが『日本書紀』持統紀の大三輪高市麻呂の諫言の記事は第八章でも述べたように倭国の記事である。昇進の記録がないのは大三輪高市麻呂が倭国の廷臣だったからである。

これは大三輪高市麻呂に限った話ではない。『日本書紀』に昇進の足取りがないのに『続日本紀』に突如、高官として登場する人物は倭国の廷臣であった可能性が高いことを意味する。

この昇進の足取りが「点」であり、それを結ぶ線が『日本書紀』が抹殺した倭国を復元する鍵となる。

三、『日本書紀』の真実

倭国と日本国の関係について、『隋書』に「倭王は天を以て兄となし、日を以て弟となす。天未だ明けざる時、出でて政を聴き跏趺して坐し、日出ずれば便ち理務を停め、曰く我が弟に委ねん」という興味深い記述がある。

『隋書』によれば、倭王は二人いたのである。

兄王は天と呼ばれ、弟王は日と呼ばれていた。倭王は必ずしも二人いたわけではない。引用した後半の部分を意訳すると、

「兄王は夜中に政務を取り、日が昇れば政務を停止し、『弟に任せる』と言った」となる。これをそのまま解釈すると倭国の政治は二十四時間体制であったことになり、常識的に考えてあり得ないため、寓喩と捉えるべきである。

「天未だ明けざる時」とは日弟王が不在の時という意味であり、その場合、天兄王が政務を執行する。しかし「日出ずれば」、即ち日弟王が即位したらすぐに政務を停止し、日弟王に委任する。

このように見ていくと、天兄王は日弟王が在位中の間は政務停止の状態にあることが分かる。『日本書紀』は一元史観を貫いているため、倭王が二人いたという記述はどこにもない。しかし『日本書紀』斉明紀には倭王が二人存在していないと辻褄が合わない記事がある。

有間皇子謀反の記事である。

有間皇子は天皇と皇太子の弑殺を計画し、それが蘇我赤兄の密告により露見し逮捕された際、「天と赤兄が知る。吾全く解らず」と自分の無実を訴えた。

第五章でも述べたが、ここでの「天」は抽象的な意味ではなく、人名を指す。その「天」とは『隋書』の「天」、即ち天兄王を指す。この天兄王は斉明天皇ではない。何故ならば斉明天皇と皇太子は親子であり、斉明天皇が蘇我赤兄と結託して息子の皇太子を殺害しようと計画するのは道理に合わな

いからである。それにも関わらず天兄王は有間皇子を使嗾して天皇と皇太子を殺害しようと計画していた。天兄王が狙っていたのは実権を握っていた日弟王とその皇太子である。このことは、斉明天皇以外の天兄王が、斉明天皇以外の天皇（日弟王）とその皇太子を殺害しようとしていたことを意味する。

有間皇子の事件は、天兄王と日弟王が存在していたことを示唆していた。

この時期、倭国には二人の倭王が存在していたのである。

そこでこの二人の倭王の対立が後に倭国と日本国の分裂を引き起こし、そして西暦七〇〇年に倭国滅亡という形で再統一されたとする仮説を立てた。

天兄王と日弟王は揃って在位している必要がない、実はこれが重要な点であった。

日弟王が誕生する背景には、天兄王に対する国民、または群臣の不満があることが考えられた。有間皇子が謀反を企てた時、日弟王がいた。それは天兄王が国民または群臣から離反されたことを意味する。

その記述が『日本書紀』孝徳紀にあった。孝徳天皇は崩御の前年、皇太子に離反された。この皇太子が、別の天皇を擁立した。その天皇が日弟王である。有間皇子は、父・孝徳天皇を裏切った日弟王とその皇太子を弑殺しようと企んだ。

しかしこの皇太子は乙巳の変後、孝徳天皇の擁立に貢献していた。

この不可解な皇太子の行動を解明する鍵は、二人の皇太子の存在に気付くことにあった。

第二章で説明したように『日本書紀』はこの皇太子を一貫して天智天皇として記述している。しかし『日本書紀』では天皇の皇子を記す際、「長子」と「太子」を使い分けており、その表記方法を手がかりにして、同一人物と思われた葛城皇子と開別皇子という二人の皇子の存在に気付くことができた。

これにより天智天皇は舒明天皇の実子ではなく、大海人皇子と天智天皇は異父兄弟の関係にあり、さらに大海人皇子には葛城皇子という実兄がおり、『日本書紀』は天智天皇と葛城皇子を同一人物のように取り扱うことで葛城皇子の存在を抹殺していることが判明した。

第四章でも述べたように皇太子の離反はこの二人の対立が招いたものである。そしてこの対立が倭国と日本国の分裂を引き起こした。

群臣に離反された孝徳天皇とその皇太子・開別皇子は天兄王家として後に日本国を建国し、一方、第三章でも述べたように二中歴年号と『日本書紀』の間に生じた白雉年号の二年のずれにより豊碕天皇という別系譜の天皇と、その皇太子・葛城皇子が日弟王家として倭国に君臨していたことが判明した。

倭国には欽明天皇の御代に新羅の攻撃により滅亡した任那を再興するという使命があった。任那再興のためには新羅から任那の旧領を取り戻す必要がある。唐に従属している新羅を攻撃すれば、新羅の盟主・唐と戦争になる可能性があった。

群臣の中でも親唐派と反唐派で分かれ、対立した。開別皇子を筆頭とする日本国には親唐派の廷臣が集まり、反唐派の廷臣は豊碕天皇と葛城皇子の許に集まった。

この対立は西暦六六〇年、唐と新羅の侵攻を受けた百済が滅亡したことで思わぬ展開を迎えた。

百済と同盟関係にあった倭国は百済救援軍を朝鮮半島に派兵した。日本国は当初、この戦争への不参加を表明していたが、同年、豊碕天皇が崩御し葛城皇子（本書では長津天皇と呼ぶ）が即位すると、孝徳天皇の後を受けて即位した日本国の斉明天皇は我が子のために百済救援に参加した。長津天皇は朝鮮半島に渡海し、最前線で全軍の指揮を執り、母・斉明天皇が後方支援を受け持つ。この段階で倭国と日本国は挙国一致の体制で百済再興戦に臨んでいた。

最前線で指揮を執った長津天皇には百済再興の他に、欽明天皇の御代に失った任那再興の思いもあったのかも知れない。ところが斉明天皇が百済再興戦の最中に崩御すると、敵対していた皇太子の開別皇子はその喪にかこつけて撤兵してしまった。

長津天皇は最前線で劣勢に立たされながら戦線を維持してきたが、西暦六六二年、唐の水軍と白村江で会戦し大敗を喫し、百済王として支持してきた豊璋が行方を眩ますとこの戦争における大義名分を失い、朝鮮半島からの撤退を余儀なくされた。

敗戦後、唐は倭国に降伏を勧告した。

長津天皇はこれを受諾し、倭国には筑紫都督府が設置され、唐に従属した。

その頃、皇太弟の大海人皇子は百済遺民を引き連れて日本列島の東に逃れ、徹底抗戦の構えを見せると、開別皇子はこの動きに同調し、筑紫都督府と対峙した。

この内訌は百済遺民と大海人皇子により予想外の結果をもたらした。

開別皇子は唐の軍門に降った長津天皇を倭国の天皇と認めず、瀬戸内海に面した難波から内陸の近江に遷都し登極した。

これにより日本国と筑紫都督府は一触即発の状況となった。

その頃、唐は高句麗遠征を進めており、高句麗の滅亡は時間の問題であった。新羅は唐に味方しながら密かに唐に対して反旗を翻す計画を練っていた。

新羅は筑紫都督府と敵対する日本国と同盟し、唐に開戦した。皮肉なことにかつて親唐派であった日本国も唐との開戦に踏み切った。

日本国は大海人皇子の働きにより筑紫都督府を陥落させ、長津天皇を国外に追放した。新羅もまた百済の故地に侵攻し、戦果をあげた。

これに対して唐は日本国に筑紫君薩夜麻を送り込んだ。薩夜麻は『日本書紀』における呼び名であり、実際は筑紫都督・長津天皇である。

長津天皇の帰国を知った天智天皇は大海人皇子の離反を警戒し粛清を考えた。その動きを察した大海人皇子は出家して難を逃れ、天智天皇の崩御後、長津天皇と手を組んで日本国（近江朝廷）討伐の兵を挙げた。

天智天皇という求心的な存在を失った日本国はこの両者に対抗する術がなく、滅亡した。

日本国滅亡後、長津天皇は筑紫都督府を復活させた。一方、壬申の乱の最大功労者である大海人皇子には筑紫都督府の一員として畿内一帯を統治させた。大海人皇子（天武天皇）は飛鳥浄御原に都を置き、天兄王として即位した。

西暦六八三年、唐の高宗が崩御すると、長津天皇は唐から独立し、倭国年号を復活させた。

西暦六八六年、長津天皇が崩御し、後を追うように天武天皇もまた崩御した。

天武天皇の崩御後、后の鸕野讃良皇妃は大津皇子から政治の実権を強奪するクーデターを起こした。大津皇子は政権奪回のため謀反を計画したが鸕野讃良皇妃に先手を打たれて自害した。

政権を掌握した鸕野讃良皇妃は倭国からの決別を宣言し、日本国・飛鳥浄御原朝を再興した。鸕野讃良皇妃は近江朝廷の旧臣を登用すると同時に天武天皇の旧臣を懐柔するため、庶長子の高市皇子を皇太子とした。

鸕野讃良皇妃の基本政策は父・天智天皇と同じく唐との協調路線であり、白村江の大敗後、厭戦気分が漂っていた各地の国造、評督を次々と寝返らせ、勢力を拡大させた。

日本国が倭国と対峙しうるまで勢威を伸張させせると、この国威を背景に鸕野讃良皇妃（持統天皇）は登極した。

これに危機感を抱いた倭国の天皇（本書では筑紫天皇と呼ぶ）は伊勢行幸という名目の許、威力偵察を試みた。これは群臣の間でも賛否が分かれ、反対派の大三輪高市麻呂は再三諫言したが聞き入れられなかったため退官した。後に大三輪高市麻呂は日本国に出仕する。

この威力偵察は大三輪高市麻呂の読み通り、失敗に終わった。倭国は日本国との関係をさらに悪化させたばかりか、却って倭国の凋落に拍車をかけ、これ以後、各地の国造、評督の離反が加速した。

西暦六九五年、倭国は皇族の一人（恐らく長津天皇の子）が即位し、大化と改元した。その頃、日本国は藤原京を建設し、中央集権国家の礎石を着々と構築していた。

西暦六九六年、皇太子の高市皇子が薨去した。

高市皇子は天武天皇の皇子であり、壬申の乱の功労者の一人である。高市皇子と倭国の天皇は従兄弟であったため、高市皇子自身は倭国の滅亡を望んでいなかったが、高市皇子の薨去後、西暦六九七年、持統天皇は孫の軽皇子（文武天皇）に譲位し、倭国討伐の準備に入った。

即位した文武天皇は十五歳と若かったが、政治の実権は持統上皇と藤原不比等、石上麻呂など近江朝廷の旧臣が握っていた。

持統上皇は倭国討伐に向けた最後の仕上げとして、倭国と同盟していた新羅の懐柔に着手した。西暦六九七年、倭国を訪問していた新羅の使者を強引に畿内に拉致し、日本国への朝貢を強要する事件が発生した。これに対し倭国は何も手を打てなかったため、倭国の権威は失墜し、新羅もまた倭国と距離を置くようになった。

このように外交的に倭国を孤立させた後、日本国は高安城を修復し、倭国侵攻の準備を行った。倭国の勢力範囲は吉備、周防、九州一円であったが、四国を勢力下に収めていた日本国は瀬戸内海の制海権を有しており、西日本の各地に軍勢を派遣することが可能な状況にあった。

西暦七〇〇年、日本国は倭国に侵攻し、半年に及ぶ討伐戦の末、日本国は倭国を滅亡させた。筑紫を制圧した日本軍は倭国の天皇や廷臣の多くを捕縛し、地方に配流した。

倭国滅亡の翌西暦七〇一年、日本国は大宝年号を建元した。軍事的な意味合いを失った高安城は廃城となり、ここに日本国の軍事行動は終結した。

日本列島の統一を果たした文武天皇は二十五歳の若さで崩御し、代わって即位したのは母・阿閇皇女（元明天皇）である。大海人皇子の子供達は存命していたが、全員が二世王であったため、即位を見送られた。

元明天皇は娘の氷高内親王（元正天皇）に譲位し、元正天皇は甥の首皇子に譲位することを目的に登極したため、首皇子が成人すると約束を実行し、退位した。

神亀元年（西暦七二四年）、首皇子（聖武天皇）は即位し、天平勝宝元年（西暦七四九年）、聖武天皇は娘の阿倍内親王（孝謙天皇）に譲位した。

孝謙天皇には子がなく、天武天皇の孫・大炊王（淳仁天皇）に譲位したが、淳仁天皇との間で内訌が勃発したため、孝謙上皇（称徳天皇）は淳仁天皇を廃し、重祚した。

称徳天皇が神護景曇（西暦七七〇年）に崩御すると、群臣は次の後継者を巡って対立した。この時、左大臣・藤原永手は皇位から遠ざかっていた天智天皇の皇孫・白壁王（光仁天皇）を擁立した。この擁立は日本国の起源を考えた時、本来の皇統に戻したものとも言える。

その皇統は現在まで続く。

了

参考文献

『日本書紀　下』坂本太郎　他　校注（岩波書店）
『続日本紀　一』青木和夫　他　校注（岩波書店）
『懐風藻』江口孝夫　訳註（講談社学術文庫）
『新訂魏志倭人伝　他三篇』石原道博編訳（岩波文庫）
『新訂旧唐書倭国伝日本伝　他二篇』石原道博編訳（岩波文庫）
『萬葉集　一』青木生子　他　校注（新潮日本古典集成）
『万葉集　一』佐竹昭広　他　校注（岩波文庫）
『群書類従　第五輯』（東京　續群書類從完成會）
『完訳　三国史記』金思燁　訳（明石書店）
『完訳　三国遺事』金思燁　訳（明石書店）
『失われた九州王朝』古田武彦　著（ミネルヴァ書房）
『壬申大乱』古田武彦　著（ミネルヴァ書房）
『古代は輝いていたⅢ』古田武彦　著（ミネルヴァ書房）
『「九州年号」の研究』古田史学の会　編（ミネルヴァ書房）

『日本書紀成立考　天武・天智異父兄弟考』大和岩雄　著（大和書房）
『大王から天皇へ』熊谷公男　著（講談社）
『白村江の戦いと壬申の乱』小林恵子　著（現代思潮社）
『藤原不比等』高島正人　著（吉川弘文館）
『蘇我蝦夷・入鹿』門脇禎二　著（吉川弘文館）
『風土記』吉野裕　訳（東洋文庫）
『魏晋南北朝』川勝義雄　著（講談社学術文庫）
『国史大系　尊卑分脈（第一篇〜第四篇）』（吉川弘文館）
『大田原市ホームページ掲載　那須国造碑』
『旧唐書』（維基文庫　所収）
『百済人祢軍墓誌論考』王連竜　著（社会科学戦線）
『奈良文化財研究所　木簡データベース』

【著者略歴】

藤崎　周五（ふじさき　しゅうご）

1975年生まれ、埼玉県出身。本作は第17回歴史浪漫文学賞（研究部門）で最終選考に残り、書籍化。
処女作は、源氏三代の滅亡までの過程を、短文を駆使し絵巻物語風に綴った『三代の夢』（文芸社）。

『日本書紀《にほんしよき》』千三百年《せんさんびやくねん》の封印《ふういん》を解《と》く

2017年9月23日　第1刷発行

著　者 ― 藤崎《ふじさき》 周五《しゆうご》

発行者 ― 佐藤 聡

発行所 ― 株式会社 郁朋社《いくほうしや》

〒101-0061　東京都千代田区三崎町2-20-4
電　話　03（3234）8923（代表）
ＦＡＸ　03（3234）3948
振　替　00160-5-100328

印刷·製本 ― 日本ハイコム株式会社

落丁、乱丁本はお取り替え致します。

郁朋社ホームページアドレス　http://www.ikuhousha.com
この本に関するご意見・ご感想をメールでお寄せいただく際は、
comment@ikuhousha.com までお願い致します。

 ISBN978-4-87302-654-1 C0095